Reichtum ernten
Vielfalt im Gemüsebeet

REICHTUM ERNTEN

VIELFALT IM GEMÜSEBEET

Ute Klaphake

Karin Lüdemann

Dierk Jensen

KOSMOS

Ute Klaphake lebt als freie Fotografin in Hamburg. Neben Aufträgen im botanisch-gärtnerischen Bereich macht sie spannungsgeladene Umschlagfotos für Krimis. Während ihres 15-jährigen Aufenthaltes in England absolvierte sie ihr „General Certificate In Gardening". Ihr Interesse an gesunder Ernährung, biologischer Landwirtschaft und ökologischer Nachhaltigkeit gaben den Impuls für dieses Buch. Dahinter steckt die Überzeugung: Saatgut gehört in die Hände von Bauern und Gärtnern und nicht in die von Multikonzernen.

Dierk Jensen ist freier Journalist und Autor von Sachbüchern in Hamburg. Er wuchs auf der Nordseeinsel Pellworm auf, lernte Landwirtschaft und studierte Geschichte, Geografie und Volkswirtschaft (Magister Artium). Schon während seiner Zeit als Gymnasiast in Husum zog er im WG-Garten Rote Bete, Kartoffeln und Zwiebeln an. Journalistisch ist er seit Jahren auf vielen Feldern dieser Welt unterwegs, thematisiert den ökologischen Landbau, beschäftigt sich mit nachwachsenden Rohstoffen und mit der ganzen Palette erneuerbarer Energien.

Karin Lüdemann studierte Biologie und Bodenkunde in Hamburg, wo sie heute als wissenschaftliche Autorin arbeitet. Ein Schwerpunkt ihrer Arbeit liegt im Bereich Meeresbiologie und Fischereiwissenschaft. In ihrer sechsköpfigen Familie wird fast nur noch mit Biogemüse gekocht. Bei den Recherchen zu „Reichtum ernten" faszinierte sie besonders, dass jeder Einzelne einen kleinen Beitrag zur Erhaltung der Biodiversität im eigenen Garten leisten kann.

Großer Dank gebührt Frau Ursula Reinhard (Vorsitzende des Vereins zur Erhaltung der Nutzpflanzenvielfalt VEN e.V.), die den Autoren als Fachberaterin zur Seite stand.

INHALT

VIELFALT IST REICHTUM

Durch Artensterben und Klimawandel erfährt der Begriff Vielfalt erstaunliche Konjunktur. Ob damit tatsächlich ein gesellschaftlicher Umdenkprozess eingeläutet wird, sei dahingestellt. Sicher ist nur, dass die Abneigung gegen Einheitsgemüse zunimmt und die Sehnsucht nach alten, neu entdeckten Sorten weiter wächst.

VIELFALT STATT EINFALT – AUCH IM GARTEN

Die Modernisierung des Alltags hängt mit dem Aussterben der Nutzgärten zusammen: Je mehr die Landmenschen die Städter kopieren, desto mehr rücken Selbstversorgung und regionale Sorten aus dem Bewusstsein.

Gestern ...

Radieschen, Bohnen, Erbsen, Gurken und Salat, Kartoffeln und Erdbeeren kamen in den 60er-Jahren des letzten Jahrhunderts auf den meisten Bauernhöfen noch aus dem eigenen Garten. Das war ganz selbstverständlich und gehörte zur ländlichen Lebenswirklichkeit. Über Sorten, seltene Arten wurde wenig diskutiert, allenfalls darüber, wer mit Opa im Frühjahr die Saatkartoffeln legt. Doch war uns Landkindern schon damals der Unterschied zwischen gekaufter und selbst geernteter Ware instinktiv klar – Kinderzungen lassen sich nicht so leicht manipulieren. So waren die Möhren vom Kaufmann zwar okay, aber sie kamen einfach nicht an die Süße der eigenen heran. Leider war die Zeit der Ernte so kurz. Und was wurde nicht alles eingelagert: Kartoffeln wurden im Keller verstaut und in den Regalen standen Gläser, in denen Rote Bete und Kürbisse eingelegt waren.

... und heute

Der Nutzgarten war früher ein nicht wegzudenkender Teil der bäuerlichen, ländlichen und teilweise sogar der städtischen Welt. Heute ist es anders. Statt eigenes Gemüse aus dem Garten zu ziehen, bringt an vielen Orten der fahrende Händler Tiefkühlspinat und gefrorenen Rosenkohl in die Häuser. Und auch in den Gärten der übrigen auf dem Land lebenden Menschen sind die Gemüsebeete von früher großenteils aufgegeben worden und oftmals einem Rasen und Ziersträuchern gewichen. Ähnliches ist sicherlich auch in vielen Schrebergärten zu beobachten, wo früher die Familien einen Teil ihres Bedarfs mit Selbstgeerntetem abdeckten und jetzt oft nur auf der geforderten Mindestfläche Gemüse angebaut wird.

Die Gründe für den Rückzug der Gemüsebeete sind vielschichtig. Oft fehlt es an Zeit und Muße für einen arbeitsintensiven Nutzgarten; manchmal ist es eine

Gemüsegärten bereichern die Landschaft.

Violett: Radieschen 'Plum Purple'

veränderte Wertschätzung von selbst gezogenem Gemüse. Die Ware aus dem Supermarkt sei billiger und genauso gut, heißt es allerorten.

Das Leben auf dem Land

Hinzu kommt, dass die Rolle der Frau auf den meisten Höfen und auch in den meisten Privatgärten heute eine andere ist, als sie es noch vor 30 Jahren war. Die klassische Aufgabenteilung, dass der Mann sich um den Hof bzw. um die Arbeit kümmert und die Frau um Haushalt, Familie und Garten, ist zwar noch eine Variante der gesellschaftlichen Realität, aber eben nicht mehr die einzige. Gerade auf den Bauernhöfen hat sich die Arbeitswelt fundamental verändert. Entweder ist der Hof jetzt ein Unternehmen mit engem Zeitregime, der alle Kräfte bindet, oder es ist ein Nebenerwerbsbetrieb, auf dem viele Frauen neben der Feldarbeit noch einem anderen Job nachgehen. So bleibt oft einfach keine Zeit mehr für den Nutzgarten.

Gärten der Großstadt

Ähnlich, wenn auch anders gelagert, verhält sich die Situation in den Schreber- und Kleingärten der Städter. Statt Möhren und Kartoffeln beherrschen inzwischen Rosen und Dahlien das kleine Grün zwischen Bahngleisen und Ausfallstraßen oder an den Stadträndern. Nutzpflanzen werden immer seltener gezogen. War beispielsweise in Hamburg nach dem Krieg sogenanntes „Grabeland", städtische Grünflächen, die für die gärtnerische Nutzung an interessierte Bürger günstig verpachtet wurden, aus existentiellen Gründen begehrt, so interessiert sich heute kaum noch einer dafür. Gegenbewegungen sind allerdings in den Gärten von Migranten aus der Türkei, aus Russland und Albanien – um nur einige Länder zu nennen – festzustellen. Viele Migranten kommen nämlich aus ländlichen Gebieten ihrer Herkunftsländer. Sie haben noch eine enge kulturelle Beziehung zur Erde und zur eigenen Ernte und tragen sogar die Saaten ihrer Heimatländer

Gärtnern geht kaum solo: Es braucht viele Helfer.

Die Anzucht von Pflanzen ist fast überall möglich.

nach Deutschland. Ein spannender Prozess, der allerdings nicht über den weiter fortschreitenden Verlust in heimischen Gärten hinwegtäuschen kann.

Kein Verlust ohne Folgen

Der Verlust hat vielschichtige Folgen. Zu allererst geht eine ursprüngliche Alltagskultur, ein großes Stück Lebensqualität, unwiderruflich verloren. Und mit ihr auch viele Gemüsearten, die im Erwerbsgartenbau aus verschiedenen Gründen wie Erntefähigkeit und Ertrag nie eine Chance hatten und daher dort auch gar nicht auftauchen. Aber nicht nur die eher unbekannten und deswegen nicht weniger lohnenswerten Arten verschwinden, auch viele regionale Sorten bekannter Gemüsearten wie Bohnen und Kohl sind arg gefährdet. Das mag auf den ersten Blick nicht weiter dramatisch klingen, ist es aber, weil diese regionalspezifisch ausgebildeten Gemüsekulturen Geschmack und Charakter von ganzen Landstrichen verkörpern. Wenn nicht mehr passiert als bisher, sind sie irgendwann gänzlich vom Erdboden verschwunden. Daher muss jetzt und nicht erst morgen gehandelt werden.

Was ist eine Sorte?

Da viele Laien die Begriffe „Sorten" und „Nutzpflanzenarten" immer wieder durcheinanderbringen, sei an dieser Stelle kurz eine Klärung erlaubt. Den Begriff „Art" benutzen die Biologen bzw. Botaniker immer dann, wenn sie eine Pflanze innerhalb der Pflanzenwelt zuordnen. Dagegen ist das Wort „Sorte" ein Begriff aus der Pflanzenzüchtung, mit dem die Varianten einer Nutzpflanzenart unterschieden werden, die durch Auslese oder andere Züchtungsmethoden entstanden sind. Eine Sorte muss sich durch verschiedene Merkmale wie Größe, Farbe und Musterung von anderen Sorten der gleichen Art unterscheiden. Sorten unterliegen einem rechtlichen Schutz, sofern sie zum Sortenschutz angemeldet wurden. Sollen sie in den Verkehr gebracht werden, bedürfen sie einer Zulassung von staatlicher Seite. Der Sortenschutz vieler alter Landsorten, die vor langer Zeit züchterisch bearbeitet wurden, ist oftmals abgelaufen. Diese nicht mehr zugelassenen Sorten dürfen daher nicht mehr legal gehandelt werden. Viele Erhaltungszüchter wettern gegen diese Regelung, weil sie die Wiederbelebung der traditionsreichen Landsorten erschwert.

Im Frühbeetkasten beginnt das Gartenjahr zeitig.

Praktisch und schön: Hochbeet mit Gemüse und Kräutern

Wie kommt die Vielfalt in den Garten?

Alle wissen: Vielfalt ist Reichtum. Beides fällt jedoch nicht vom Himmel, erst recht nicht direkt ins Gemüsebeet. Ganz im Gegenteil. Um die Vielfalt weiterhin gedeihen zu lassen, muss der Boden dafür gut vorbereitet sein. Der Griff zu den immergleichen Saattüten im Supermarkt oder Gartencenter reicht dafür bestimmt nicht aus. Die Hybridsaaten der Saatgutkonzerne garantieren vielleicht gute Ernte, doch stehen sie eher für Einfalt denn Vielfalt. Letzteres existiert in der Regel außerhalb kommerzialisierter Schienen und ist eine über Generationen hinweg getragene lebende Kultur, die viel Wissen, Erfahrung und Begeisterung braucht. Und darüber hinaus auch Kontinuität, was in einer schnelllebigen, ungeduldigen und unsteten Gegenwart für viele Menschen nur noch schwer zu bewerkstelligen ist.

Auf jeden Fall gehört für die Entdeckung und den Anbau von Gemüse, Kräutern und Blumen auch eine gehörige Portion Leidenschaft, ja vielleicht sogar Liebe dazu, um am Ende die Früchte ernten zu können, die in der eigenen Küche zu wohlschmeckenden Leckereien verarbeitet werden können.

Gesunde Abwechslung

Eine Rückbesinnung auf das eigene Gemüse im Allgemeinen und die Vielfalt im Speziellen hat handfeste Vorteile. Sowohl auf individueller als auch auf gemeinschaftlicher Ebene.

Jeder Ernährungswissenschaftler weiß, dass Vielfalt nicht nur ein Fest fürs Auge sein kann, sondern darüber hinaus für die Gesundheit von entscheidender Bedeutung ist. Je vielfältiger, desto gesünder. Und: Wer mag keine Abwechslung auf der Speisekarte?

Zudem ist die gelebte Vielfalt im Garten ein ganz wichtiger Beitrag für den genetischen Ressourcenschutz. Wie jeder halbwegs Aufmerksame in den letzten Jahrzehnten mit bloßem Auge mitverfolgen konnte, hat sich die traditionelle Landwirtschaft en gros zu einer agrarindustriellen Maschinerie verwandelt, in der Mehrerträge durch den Verlust an Vielfalt bewusst erkauft worden sind. Wenige, international operierende Saatzuchtunternehmen liefern das Saatgut für eine konventionelle Landwirtschaft, auf deren ausgelaugten Flächen nur noch relativ wenige Kulturpflanzen heranwachsen. Die genetische

Varianz ist sehr eng gesteckt. Ähnliches passiert im konventionellen Gemüsebau, der europaweit inzwischen im großen Stil unter Glas und Folie betrieben wird. Viele Experten beäugen diese Entwicklung mit Skepsis, weil die Konzentration auf wenig Sorten und Arten die Gefahr in sich birgt, dass bei einer Ausbreitung von Pilzen und Bakterien nur wenige Alternativen bleiben. Doch bewirken diese Kassandrarufe kein generelles Umdenken. Die Diskussionen um den Einsatz der Gentechnik in Landwirtschaft, Gemüsebau und im Energiepflanzenanbau zeigen, dass der agroindustrielle Komplex mit Volldampf weiter den eingeschlagenen Weg gehen will. Von Einsicht ist da wenig zu spüren.

Eine umso wichtigere Rolle spielt deshalb der ökologische Landbau, der mittlerweile fünf Prozent der landwirtschaftlichen Nutzfläche bewirtschaftet und sich weiter ausdehnt. Jedoch langsamer, als viele erhofft haben. Dabei steht der ökologische Landbau für eine standortgerechte, nachhaltige und vielgestaltige Bewirtschaftung. Er kultiviert Vielfalt auf den Feldern und ist damit unmittelbarer Bündnispartner all derjenigen Gärtner und Gärtnerinnen, die sich in den Hausgärten um die Vielfalt kümmern. Langfristig könnten die Biogemüsebauern unmittelbar von der lebendigen Sortenbewahrung profitieren; dann nämlich, wenn die Biozüchtung einige dieser Sorten mit in ihr Zuchtprogramm übernehmen würde. Allerdings ist es aber auch so, dass die biologische Züchtung diverse Parameter einfordert, die nicht jede Gemüseart auf Anhieb erfüllt. Das ist die landwirtschaftliche, gartenbauliche und kulturräumliche Ebene.

Die Chance auf Anpassung

Auf der naturräumlichen Ebene sieht es nicht besser aus. Mittlerweile weiß jeder, dass das Artensterben trotz besorgter Diskussionen im öffentlichen Raum unvermindert anhält. Kein Tag vergeht, an dem nicht eine Pflanze oder ein Tier ausstirbt. Angesicht der weiter steigenden Weltbevölkerung sowie der weiter zunehmenden Mobilität wird sich an diesem traurigen Trend in den nächsten Dekaden, kaum etwas ändern. Dabei ist der Verlust der Biodiversität, der Vielfalt der Natur, eine gefährliche Entwicklung, weil die natürliche Basis immer dünner wird. Der Klimawandel verschärft diese Situation. Vor allem die globale Landwirtschaft muss sich warm anziehen, will sie den klimatischen Herausforderungen standhalten. Je mehr sich die klimatischen Veränderungen zuspitzen, desto wichtiger wird die Anpassung von Nutzpflanzen daran. Da helfen von den Reichsten der Welt gesponserte Genbanken, die die Samen nur konservieren und bunkern, statt sie weiter anzubauen und aktiv zu erhalten, kaum weiter. Denn eine Bohne, die man heute in Hessen aufliest und dann im Tiefschlaf in einem Bunker lagert, wird es in 100 Jahren sehr schwer haben, sich behaupten zu können. Vom evolutionären Prozess auf der Erde abgekoppelt, wird sie mit dem dann vorherrschenden Klima samt Insekten, Bakterien und Pilzen große Mühe haben, zu überleben. Es ist widersprüchlich; je monotoner die Landwirtschaft, desto wichtiger die Vielfalt in den Nutzgärten. Je deutlicher der Klimawandel, desto bedrohter die Biodiversität und desto notwendiger die durchaus mögliche Anpassung der Arten und Sorten – auf dem Feld genauso wie im Garten.

Steckrüben, Schwarzwurzeln und Navette-Rübchen – →
ein schmackhaftes Trio für Herbst und Winter
Pflanzenschilder geben Orientierung. ↓
Trotzdem ist es nicht immer leicht, den Überblick zu behalten.

Von Bedeutung ist der ganzheitliche Ansatz, der nicht
nur auf die Erträge fixiert ist, sondern Geschmack, Pflanzengesundheit, Anbaufähigkeit und Aussehen mitein-
bezieht. Denn es ist klar, wer das Schöne gänzlich vom
Nützlichen trennt, der läuft Gefahr, einseitig zu werden. Wieso also auf die Vielfalt im Nutzgarten freiwil-
lig verzichten? Definitiv zu schade, allein schon wegen
der sinnlichen Begegnung mit Pflanzen, die einem im
Supermarkt bestimmt nicht über den Weg laufen. Viele Biologen, Ökologen und Züchter bemängeln daher
die eindimensionale Strategie der genetischen Bunker
hinter meterdicken Mauern aus Stahl und Beton. Sich
allein darauf zu verlassen, halten sie für grob fahrläs-
sig, zumal traditionsreiche Genbanken an vielen Orten
der Welt schließen müssen, weil für sie keine Finanz-
mittel mehr zur Verfügung stehen. Darüber hinaus haben Forscher vieler Genbanken, in Deutschland vor
allem die IPK Gatersleben, an öffentlichem Vertrauen
verloren, weil dort unter einem Dach sowohl mit den
alten Sorten als auch mit gentechnisch verändertem
Pflanzenmaterial gearbeitet wird. Für viele Insider der
Erhaltungsszene ein Ding der Unmöglichkeit, besteht
doch die Gefahr, dass die Nutzpflanzen mit dem gentechnisch veränderten Erbmaterial verunreinigt werden.
Trotz dieser Kritik wird diese bedrohliche Zweigleisig-
keit weiter praktiziert. Parallel dazu – ungeachtet der
Gentechnikproblematik – bemüht sich indessen das
Informations- und Koordinationszentrum für Biologische Vielfalt (IBV), ein kleines Referat in den Reihen
der Bonner Bundesanstalt für Landwirtschaft und Ernährung, um die Förderung der biologischen Vielfalt.
Als „Teil staatlicher Vorsorgepolitik", wie es heißt.

↓ Weltweit wächst der Unmut gegen Industrialisierung und Gentechnik in der Ernährungswirtschaft.

LANDWIRTSCHAFT UND GARTEN-BAU IM ZEICHEN VON BIO

Bis in die 90er-Jahre hinein war die Biolandwirtschaft noch eine Randerscheinung, obendrein zersplittert in mehrere Anbauverbände. Wenngleich sie im politischen Diskurs gute Noten erhielt und in der grün-alternativen Szene eine feste Größe war, blieb sie für weite Teile in der Landwirtschaft und für die meisten Konsumenten ein Tabu. Vor allem die Landwirte selbst und ihre alten, verkrusteten Verbände mieden die „Ökos" wie der Teufel das Weihwasser. Viele setzten auf die Segnungen der Agroindustrie: Synthetische Dünger, Pflanzenschutzmittel, Beizen und Wachstumsregler. Unter den zweifelhaften Begriffen „Modernisierung und Strukturwandel" hat sich eine in weiten Teilen

bäuerlich geprägte Welt in nur wenigen Jahrzehnten in eine Hochleistungslandwirtschaft mit Hang zu industriellen Strukturen verwandelt. Mit der Gentechnik soll dies weiter beschleunigt werden.

Allerdings regt sich unter Landwirten und Verbrauchern immer mehr Widerstand gegen diese Entwicklung. Die Zahl der Konsumenten, die zu Bioprodukten greift, wächst stetig und auch die Zahl der Biolandwirte nimmt beständig zu. Vielen umstellungswilligen Landwirten wird klar, dass der soziale und ökologische Preis für die Ökonomisierung der Nahrungsmittelproduktion bedrohlich hoch ist. Die Entkoppelung von Raum, Standort, Produktion und Konsum treibt ku-

↑ Fernab vom chemischen Pflanzenschutz bestäuben zahlreiche
Insekten die gelb blühende Pastinakenpflanze.

Platz schaffen für Jungpflanzen

Pflege der Kulturen mit der Radhacke

riose Stilblüten. Beispielsweise „frisch" eingeflogene Grüne Bohnen aus Kenia. Das ist alles machbar, bleibt aber bei vermeintlicher Vielfalt im Angebot nicht ohne Folgen. So unterwirft die Internationalisierung des Lebensmittelhandels die landwirtschaftliche und gärtnerische Erzeugung in einen globalen Wettbewerb, der nahezu zwangsweise zum Verlust von Vielfalt führt. Zu allem Überdruss versprechen die Befürworter der Gentechnik in dieser brenzligen Situation das Grüne vom Himmel. Doch weiß in Wahrheit keiner, welche Folgen die chirurgischen Eingriffe in die Codes der Natur eigentlich haben werden. Die Risiken sind weiterhin unabsehbar.

Dagegen kann schon jeder Laie erkennen, dass die Landschaften verarmen, wenn nur noch eine Handvoll Kulturpflanzen mit hochgezüchteten Sorten auf den Äckern heranwächst. In den Gärten sieht es spiegelbildlich oftmals nicht viel anders aus.

Und auf der Ebene der Saatzuchtfirmen gibt es eine bedenkliche Konzentration zu verzeichnen: Zehn Agrarkonzerne bedienen die Hälfte des weltweiten Saatgutangebotes! Der mit Abstand größte Akteur ist Monsanto. Sein Gewinn belief sich im Jahr 2007 auf fast eine Milliarde US-Dollar. Während also viele Bauern

und Bäuerinnen unter finanziellem Druck wirtschaften, erzielen die großen Saatgutkonzerne prächtige Ergebnisse.

Dieser Widerspruch macht stutzig. Zumal Experten sagen, dass es weltweit rund 7.000 Kulturpflanzen gibt, aber nur noch wenige Dutzend eine ökonomische Bedeutung haben. Von landwirtschaftlicher oder gärtnerischer Biodiversität kann da kaum die Rede sein, obwohl die internationale Staatengemeinschaft, zuletzt auf der Bonner Biodiversitäts-Konferenz im Mai 2008, eine Umkehr zu Natur, Acker und Garten immer wieder verspricht. Den Beschwörungen folgen oft keine Taten.

Rückkehr mit Schwierigkeiten

Wie schwer die Rückkehr zur Vielfalt ist, zeigt der Erwerbsgartenbau. Der Kostendruck im Gemüseanbau ist enorm, die Anforderungen des Handels äußerst streng definiert. Größe, Beschaffenheit und Form aller gehandelten Gemüsearten müssen normgerecht produziert werden. Da bleibt kaum Spielraum für regionale Sorten oder für erhaltenswerte Arten, die un-

Das Stecken von Zwiebeln macht wenig Mühe.

Ostfriesische Teepause unter freiem Himmel

sere Großeltern noch auf ihren Speisezetteln hatten. Und für den Erwerbsgemüsebau sind die Raritäten, wie sie unter anderem Arche Noah anbietet, im Anbau oft zu aufwendig und damit letztlich nicht kompatibel in standardisierten Verarbeitungs- und Handelsstrukturen.

Knollenziest, Baumspinat und Haferwurzel findet der Konsument also gewöhnlich nicht im Supermarkt. Nicht einmal im Bioladen, weil sich die Kultivierung dieser traditionsreichen Gemüse auch im ökologischen Gemüsebau bisher wirtschaftlich nicht richtig lohnt. Allerdings gibt es viele Biogemüseproduzenten, die Lust auf mehr Vielfalt haben und ihr Anbauprogramm erweitern wollen.

Doch fehlt es oft an verwertbarem Saatgut, weil die Biosaatgutproduktion immer noch in den Anfängen steckt und sich zunächst einmal auf wenige Sorten konzentrieren muss. Umso wichtiger ist daher die Arbeit der Hobbygärtner und Erhaltungszüchter, die sich in den letzten Jahren um seltene Gemüsearten und alte Landsorten, die in einigen Fällen über Jahrzehnte hinweg an die örtlichen Böden und klimatischen Bedingungen angepasst wurden, kümmern. Aufgrund ihrer Aktivitäten, die unter dem Oberbegriff „Wieder-

entdeckung alter Gemüsesorten" inzwischen mediale Runden dreht, gibt es weiterhin wieder die Option für mehr Vielfalt. Immerhin scheint dieser potenzielle Reichtum bei ambitionierten Gastronomen angekommen zu sein. Sie lassen sich inzwischen bezirzen von den Geschmackserfahrungen mit 'Schwarzen Ungarinnen' und 'Teufelsohren'.

Allerdings darf diese neue Aufmerksamkeit nicht darüber hinwegtäuschen, dass der Verlust weitergeht. Im Zuge der soziokulturellen Erosion schrumpft der Anbau von Gemüse – und damit an vielen Stellen auch das Wissen um den Saatbau und die Erhaltung alter Sorten. Diese Entwicklung läuft nahezu parallel zur Industrialisierung im Mainstream-Gartenbau und in der Landwirtschaft ab.

Während fast täglich landauf, landab ein neuer Megaschweinestall oder ein gigantisches Gewächshaus eingeweiht wird, geht gleichzeitig irgendwo in Deutschland und Europa ein alter Bauerngarten ein oder wird ein Garten für Urbanisierungszwecke einplaniert. Und mit ihnen wertvolle genetische Ressourcen. „Mit Volldampf in die Sackgasse", umschreibt Dr. Thomas Gladis, bundesweit bekannter Kulturpflanzenexperte, dieses leise Drama.

17

← Samenbau ist konzentrierte Arbeit auf ganzer Linie:
Sortieren, beschriften, lagern, aussäen, beobachten, be-
gutachten sowie ernten und trocknen.

DAS RECHT AUF SORTEN

Wer die Protokolle der Plenarsitzungen des Deutschen Bundestages in der ersten Legislaturperiode von 1949 bis 1953 zum Thema Saatbau und Sortenschutz studiert, der spürt, welchen zentralen Stellenwert damals die Politiker von links und rechts diesem Thema innerhalb der Land- und Ernährungspolitik beimaßen. Letztlich ging es um die Frage, wem die Saat eigentlich gehört: Dem Staat, den Gärtnern und Bauern, dem Volk oder den Saatzüchtern? Welchen Schutz und welche Kontrollen müssen Saaten bzw. Sorten erhalten?

Das Bundessortenamt

Die emotional aufgeladenen Diskussionen waren geprägt von den bitteren Erfahrungen aus Kriegs- und Nachkriegszeiten, als die Ernährungslage höchst angespannt war. Deshalb hatte die Sicherung der Ernährung bei allen Agrarpolitikern absolute Priorität. Strenge Zulassungskriterien und konsequenter Schutz der Sorten wurden als unverzichtbare Garanten betrachtet, um in Krisen die Ernährung sicherstellen zu können. Als Ergebnis der hitzigen Debatten wurde 1953 das Bundessortenamt gegründet. Es ist bis heute als selbstständige Bundesbehörde im Bundesministerium für Ernährung, Landwirtschaft und Verbraucherschutz für die Zulassung von Sorten und deren

Schutz zuständig. Die Behörde prüft, ob beantragte Sorten die Voraussetzungen für eine Zulassung und für einen Sortenschutz erfüllen. Derzeit werden jährlich insgesamt etwa 1.000 Sorten beantragt, aber nur rund 150 werden am Ende tatsächlich zugelassen. Im Gemüsebereich ist das überschaubar: Hierfür gehen jedes Jahr etwa 30 Anmeldungen ein.

Hybridsorten contra genetische Vielfalt

Wie in anderen Bereichen haben die Hybridsorten bei fast allen Gemüsearten enorm an Bedeutung gewonnen, während die Zahl samenfester Sorten bei nahezu allen Arten abnimmt. Das bedeutet, dass trotz einer steigenden Zahl von zugelassenen Sorten die genetische Vielfalt nicht zunimmt. Denn die genetische Basis von Hybriden ist sehr eng. Außerdem eignen sie sich nicht für on-farm-Erhaltung, weil sie durch Einmalkreuzung erzeugt wurden. Des Weiteren entwickeln sich die Methoden der Züchtung mehr und mehr in Richtung Gentechnik. Zwar gilt die Protoplastenfusion (Verschmelzung zweier Zellen durch Strom oder Enzyme) vom Gesetz her nicht als Gentechnik, doch lehnen schon drei ökologische Anbauverbände auf diese Weise gezüchtete Gemüsesorten ab. Dieses Verbot hat weitreichende Konsequenzen, weil der Kreis verfüg-

↓ Von links nach rechts: Unter Vogelnetzen werden reife Schwarz-
wurzel-Samen geerntet. Unverzichtbar sind Aufzeichnungen zu
allen Saaten. Die Selektion der besten Rote Bete-Pflanzen für die
Saatvermehrung. Samen wiegen und eintüten.

barer Sorten durch Zunahme von Protoplastenfusio-
nen und gleichzeitigem Rückgang von samenfesten
Sorten mittelfristig deutlich kleiner wird. Ein Eng-
pass, den die Kultursaat e. V. erkannt hat und verstärkt
auf eigene Zuchtprojekte setzt. Sorten wie 'Oxhella'
(Möhre), 'Ruth' (Strauchtomate) und 'Avano' (Lauch)
stehen Pate für neue schmackhafte Gemüsesorten
aus der biologisch-dynamischen Pflanzenzüchtung.

Der internationale Sortenschutz

Generell soll der Sortenschutz das geistige Eigentum
an der Pflanzenzüchtung schützen und dem Züchter
ermöglichen, seine aufwendigen Vorleistungen wirtschaftlich zu gestalten. Die Sortenzulassung gewähr-
leistet dagegen mittels des Saatgutverkehrsgesetzes
(SaatG), dass Verbraucher, Landwirte und Gartenbau-
er „mit hochwertigem Saat- und Pflanzgut resistenter,
qualitativ hochwertiger und leistungsfähiger Sorten"
versorgt werden. Geschützte Sorten dürfen nach dem

Verständnis der Rechtssprechung nur vom Sortenschutzinhaber oder seinem Rechtsnachfolger in Form
von Vermehrungsmaterial gewerblich vertrieben
werden. Wenn also jemand eine geschützte Sorte zur
Züchtung einer neuen verwerten will, dann muss er
erst die Zustimmung des Sortenschutzinhabers ein-
holen. Der internationale Sortenschutz, der weitestge-
hend von der 1961 gebildeten International Union
for the Protection of New Varieties and Plants (UPOV)
bestimmt wird, beinhaltet ausdrücklich die Möglichkeit, geschützte Sorten nach Ablauf des Sortenschut-
zes ohne Zahlung von Lizenzgebühren zur weiteren
Züchtung verwenden zu können.

Genau an dieser Stelle hat die „Linda-Story" vielen
Konsumenten die Augen geöffnet. Die beliebte gelb-
fleischige und festkochende Kartoffelsorte 'Linda' ist
von ihrem Sortenschutzinhaber vor Ablauf des Schut-
zes plötzlich vom Markt genommen worden, sodass
ein legaler Nachbau unmöglich gemacht wurde.
Kartoffelbauer Karsten Ellenberg hat sich vehement
gegen diese Willkür gewehrt und für die beim Ver-

← Erst im Gegenlicht werden die unreifen Samen in der Hülse der Zuckererbsen-Sorte 'Schweizer Riese' sichtbar.

← Beliebte Kartoffelsorte 'Linda'
↓ Auch von Knoblauch (Allium sativum) gibt es verschiedene Sorten.

braucher sehr beliebte 'Linda' beim Bundessorten-amt eine neue Zulassung beantragt, um sie weiter anbauen zu können.

Der Streit um die 'Linda' richtet den Blick auch auf die Nachbaugebühren, die für Landwirte anfallen, wenn sie aus der alten Ernte Saat für die neue Ernte gewinnen. Aus den Reihen der Arbeitsgemeinschaft bäuerliche Landwirtschaft (AbL), die sich für eine soziale, nachhaltige und global gerechte Landwirt-schaft einsetzt, ist die „Interessengemeinschaft ge-gen Nachbaugebühren" (IG Nachbau) entstanden. Sie wehrt sich juristisch und politisch gegen die „Ab-zocke". Die AbL, wie auch die BUKO Agrar Koor-dination, gehören zu denjenigen Gruppen, die ent-schieden ihre Stimme gegen die Aneignung von genetischen Ressourcen durch weltweit durchsetzba-re Patente an einzelnen Pflanzenteilen oder Inhalts-stoffen erheben: „Keine Patente auf Leben."

Alte Sorten ohne Zulassung?

Aber zurück zum Sortenschutz: Eigentlich soll er der Pflanzenzüchtung und dem züchterischen Fort-schritt in Landwirtschaft und Gartenbau dienen – so jedenfalls der ursprüngliche Gedanke. So sind alle für den Handel zulässigen Sorten im gemeinsamen EU-Sortenkatalog für Gemüsearten gelistet. Nicht darin aufgeführt sind die alten Sorten, deren Zulas-sung abgelaufen ist, weil kein Züchter mehr diese Sorte offiziell erhält und es keinen Markt dafür gibt. So sind beispielsweise viele Sorten im Sortiment des für die Biolandwirtschaft wichtigen Saatguther-stellers Bingenheimer Saatgut AG frei, das heißt,

Der Samenstand einer Lauchpflanze bricht auf.

Schoten des 'Helgoländer Wildkohls'

sie sind nicht geschützt, samenfest, aber noch mindestens in einem EU-Land zugelassen. Fehlanzeige auch bei den Landsorten: Diese lokalen Sorten sind durch Auslese von Landwirten und Gärtnern über einen langen Zeitraum an die spezifischen Standorte angepasst worden. Je extremer die Umweltfaktoren, umso ausgeprägter sind die besonderen Eigenschaften der Landsorten. Sie bringen verglichen mit den Zuchtsorten in der Regel nur mittlere, aber dafür sichere Erträge. Jedoch sind sie in allen Industrieländern durch moderne Zuchtsorten mehr und mehr verdrängt worden. Schließlich griff auch die EU dieses Problem auf. Sie formulierte 1998 die Richtlinie 98/95/EG mit dem Ziel, pflanzengenetische Ressourcen in situ zu erhalten. Doch hat die Brüsseler Kommission viel kostbare Zeit verstreichen lassen mit der Verabschiedung von entsprechenden Durchführungsbestimmungen zum Inverkehrbringen von Saatgut pflanzengenetischer Ressourcen, also von Erhaltungssorten. Erst im

Juni 2008 hat die Kommission die Bestimmungen für Saatgut landwirtschaftlicher Arten und Pflanzkartoffeln festgelegt, die nun wiederum in nationales Recht umgesetzt werden. Richtlinien für Amateursorten und Saatgutmischungen sollen noch folgen.

Die Zukunft wächst in den Gärten

Dass ein erheblicher Teil der alten Sorten noch ex situ in den verschiedenen Genbanken rund um den Globus erhalten werden, kann wenig trösten. Jeder praktizierende Gärtner weiß, dass nur lebendiges Samengut, welches sich auf den Beeten der einzelnen Regionen fortwährend Niederschlag, Temperaturen und Trockenheit anpasst, dauerhaft lebensfähig bleibt. Nur im Praktizieren liegt die Chance für gärtnerische und landwirtschaftliche Vielfalt, um auch in Zukunft genügend gesunde und geschmackvolle Nutzpflanzen zu bieten.

LOKALE HELDEN – AKTIV UND ENGAGIERT

Jedes Thema lebt von den Menschen, die es aufgreifen, vertiefen und weiter nach vorne treiben. Das gilt natürlich auch für den Erhalt abwechslungsreicher Gemüsebeete. Es sind eigenwillige und unabhängige Vor- und Querdenker. Zusammen sorgen sie an ihren jeweiligen Wirkungsorten dafür, dass der Einfältigkeit ein kräftiges Contra gegeben wird.

Möhrenblüte: Auch Fliegen dienen der Bestäubung.

Beim Reinigen hilft die alte Kunst des Werfelns.

VEREINE UND INITIATIVEN

Verein zur Erhaltung der Nutzpflanzen-vielfalt (VEN)

Als der VEN Mitte der 80er-Jahre gegründet wurde, da war Gentechnik noch keine akute Bedrohung für Wild- und Kulturpflanzen (erste Freilandversuche gab es erst 1990). Zudem nahm damals kaum einer das Wort Biodiversität in den Mund. Dieser Begriff drang erst nach dem Umweltgipfel in Rio 1992 in den politischen Raum. Insofern gehören die VEN-Aktivisten um den Mitbegründer Ludwig Watschong und ab Mitte der 90er-Jahre federführend Ursula Reinhard zu den ersten, die in Deutschland erkannt haben, wie wichtig die praktische Erhaltungsarbeit gerade in den heimischen Gärten ist. Der ehrenamtlich agierende Verein fungierte in der ersten Phase nach seiner Gründung vor allem als gemeinsame Plattform für Gartenlieb-haber, die sich unter Gleichgesinnten zum Thema Gemüsevielfalt informieren wollten. Darüber hinaus wurden Saaten untereinander getauscht. Ein Teil der

Mitglieder übernahmen als sogenannte Sortenpfleger wertvolle Erhaltungsarbeit von Arten und Sorten. Dieses System der nichtkommerziellen Erhaltungsar-beit wurde in den letzten Jahren kontinuierlich aus-gebaut. Während dies über Jahre hinweg mehr oder weniger unter Ausschluss der Öffentlichkeit geschah, änderte sich dies vor rund zehn Jahren, als der VEN anfing, sich mehr und mehr nach außen zu öffnen. Von 1998 bis 2005 feierte der VEN an wechselnden Orten den „Tag der Kulturpflanzen": Die Vereins-aktivisten kreierten Ausstellungen, hielten Vorträge und trugen auf Saatgutständen ihre gärtnerische Pio-nierarbeit in die Öffentlichkeit.
Außerdem kürt der VEN seit 1999 das „Gemüse des Jahres" und vergibt Patenschaften für gefährdete und historisch wertvolle Sorten an private Erhalter oder Organisationen. Ein wichtiges Element in der Vereinsarbeit ist sicherlich auch die Öffnung der Gär-ten einzelner Mitglieder, bei denen die Besucher mit allen Sinnen das vielfältige Spektrum interessanter

Glockenpaprika: eine scharfe und dekorative Chili

Sommerportulak – Salat von säuerlicher Frische

und zum Teil kaum mehr bekannter Nutzpflanzenarten bis zur Samenreife erleben. In Fachkreisen ist der VEN überdies bekannt für seine wissenschaftlich orientierten Publikationen und seine Mitgliederzeitschrift „Samensurium".

Dreschflegel

Seit 2000 richtet der VEN in enger Kooperation mit dem Witzenhausener Dreschflegel ein Saatgut-Seminar aus, auf dem fachliches Wissen in der Vermehrung und Saatgutgewinnung an Interessierte weitergegeben wird. Der Dreschflegel steht für eine Gruppe von Gesellschaftern, die auf ihren Gärtnerhöfen biologische Saatgutvermehrung und -züchtung betreiben. Ihr Name ist Programm. Sie versenden über ein gemeinsames Büro inzwischen das bundesweit vielfältigste Samensortiment. Über 500 Samensorten und Arten liegen dort versandfertig auf Lager.

Nach den Sortenkriterien der Dreschflegelbetriebe sollen die Pflanzen robust, krankheits- und schädlingstolerant sein. Nicht weniger wichtig sind die Aspekte guter Geschmack, schönes Aussehen und Beikraut-Toleranz.

IG Saatgut

Gemeinsam mit acht weiteren Organisationen ist der VEN in der 2005 gegründeten Interessengemeinschaft für gentechnikfreie Saatgutarbeit (IG Saatgut) eingebunden, die sich durch Eigenmittel sowie Spenden finanziert und von der Zukunftsstiftung Landwirtschaft gefördert wird. In der IG Saatgut sind nahezu alle wichtigen Akteure, die sich um Erhaltung, Vermehrung, Züchtung und Vermarktung von Gemüsesaatgut im deutschsprachigen Raum engagieren, vertreten. Neben dem VEN ist das unter anderem die Assoziation biologisch-dynamischer Pflanzenzüchter e.V. (ABDP), die österreichische Arche Noah (Gesellschaft zur Erhaltung und Verbreitung der Kulturpflanzenvielfalt), die Bingenheimer Saatgut AG, Dreschflegel e.V., Verein Kultursaat e.V. (Verein für Züchtungsforschung & Kulturpflanzenerhaltung auf biologisch-dynamischer Grundlage), ProSpecieRara, ReinSaat KG und Sativa Rheinau. „Zu allererst informieren wir unsere Mitglieder über aktuelle Ereignisse in der Gentechnik", umreißt Siegrid Herbst die Arbeit, „darüber hinaus machen wir verstärkt Lobbyarbeit für eine gentechnikfreie Saatguterzeugung."

Für die diplomierte Landschaftsplanerin ist ganz klar, „dass Gentechnikfreiheit die Basis für die Vielfalt ist." Sie sieht deshalb die Politik in der Verantwortung, ihre Mitglieder vor den Folgen der Gentechnik zu schützen. Wichtige Themen brennen Herbst derzeit unter den Nägeln: Die Überarbeitung des Saatgutrechts steht an und mit ihr die Frage, welche Kriterien für die Sortenzulassung in Zukunft herangezogen werden sollen. Von großer Tragweite ist auch die kontrovers geführte Debatte um zukünftige Kennzeichnungsschwellen für gentechnisch verursachte Verunreinigungen. Die Vertreter der europäischen Saatgutlobby fordern den Schwellenwert von 0,9 Prozent, was bedeutet, dass kontaminiertes Saatgut bis zu diesem Wert ohne Deklaration in den Verkehr dürfte! „Vollkommen unakzeptabel", sagt Herbst und verweist auf Österreich, das bisher als einziges EU-Land mit einer nationalen Gentechnikverordnung für Saatgut die Null-Prozent-Schwelle verabschiedet hat. Dass die Österreicher so entschieden haben, ist auch Verdienst der langjährigen Aufklärungsarbeit von Arche Noah.

Arche Noah

Die Gesellschaft entstand 1990 aus der Fusion der Samenpflegevereinigung im Nordösterreichischen und Fructus in der Steiermark. Mit der Arche Noah bildete sich, etwas anders als in Deutschland, eine wirkungsvolle Koalition von Privatgärtnern, Erwerbsgärtnern und Bauern, die sich seither erfolgreich für den Erhalt gefährdeter Pflanzensorten einsetzt.

ProSpecieRara

Das Schweizer Pendant zu Arche Noah und VEN ist ProSpecieRara, die als älteste Initiative im Bereich der Artenvielfalt schon seit 1982 aktiv ist. Die Schweizerische Stiftung für die kulturhistorische und genetische Vielfalt von Pflanzen und Tieren ist „seit 25 Jahren Retterin der Vielfalt", wie eine Schweizer Landwirtschaftszeitung titelte. Auf jeden Fall ist ProSpecieRara eine in der Schweizer Öffentlichkeit bekannte gesellschaftliche Größe. Rund 900 Garten- und Ackerpflanzen erhält die Stiftung. Darunter etwa 100 Kartoffelsorten, welche nicht mehr auf der offiziellen Sortenliste stehen. Das mit staatlichen Mitteln finanzierte Projekt koordiniert zwei Sammlungen, die Pflanzgut unter kontrollierten Bedingungen erhalten und vermehren. Welche Akzeptanz die Stiftung und ihre Arbeit in der Alpenrepublik hat, unterstreicht auch die Tatsache, dass das größte Schweizer Einzelhandelsunternehmen Coop 70 seltene Pflanzensorten von ProSpecieRara vermarktet. Ein kompetentes Team von fast 20 Mitarbeitern ist dabei der Garant für den nachhaltigen Erfolg. Von daher verwundert es kaum, dass sich die ehrenamtliche Vorsitzende des VEN, Ursula Reinhard, ein ähnliches Stiftungskonstrukt auch für ihren Verein und alle anderen regionalen und überregionalen Erhaltungsinitiativen wünscht. Sie setzt darauf, dass aus ihrem Wunsch schon bald Realität wird. Sie ist bei Weitem nicht allein. Neben anderen setzt auch die Stiftung Kaiserstühler Garten in Eichstetten auf eine bessere Vernetzung der einzelnen Vereine, die praxisnah und in Gärten vor Ort (on farm) Gemüse erhalten wollen.

↑ Idyllische Stimmung im Schaugarten vom Dreschflegel im thüringischen Schönhagen: Unter der Sommersonne reifen die Samen der dort angebauten Kulturpflanzen.

VIELSEITIG ENGAGIERT
URSULA REINHARD

Sie ist Dreh- und Angelpunkt beim Verein zur Erhaltung der Nutzpflanzenvielfalt (VEN). Hätte Ursula Reinhard Mitte der 90er-Jahre nicht den Vorsitz im 1986 von Ludwig Watschong gegründeten Verein übernommen, wer weiß, ob es ihn heute noch geben würde. Denn mit großem persönlichem Einsatz ist es der energischen Diplom-Biologin gelungen, aus einer kleinen Gruppe erdverbundener Menschen eine Organisation aufzubauen, die inzwischen sowohl aus der Gartenszenerie als auch der Öffentlichkeit nicht mehr wegzudenken ist. Von großer medialer Bedeutung ist sicherlich auch die seit 1988 stattfindende Auslobung des „Gemüse des Jahres", zu der Ursula Reinhard die kulturhistorischen und sortenrelevanten Fakten zusammenfasst und damit en passant das Thema Vielfalt im Gemüsebeet wirksam in die Gesellschaft hineinträgt. Die vielschichtige Vereinsarbeit war und ist ein Kraftakt, den die Mutter von drei erwachsenen Kindern auf bewundernswerte Art und Weise meistert. Nicht selten hat sie 40-Stunden-Wochen, die sie ehrenamtlich leistet. Regelmäßig hält sie Vorträge und Saatgut-Seminare, betreut Mitglieder sowie die Sortendatenbank, leitet die Geschäftsstelle des Vereins und macht Öffentlichkeitsarbeit auf Gartenmärkten. Trotz dieser Aufgaben ist sie selber begeisterte Erhaltungszüchterin mit ausgeprägtem Faible für Tomaten, Bohnen und Salate. Zudem betreut sie unweit ihres Wohnortes Schandelah die Gemüsebeete im Klostergarten des Zisterzienser-Klosters Riddagshausen im Osten Braunschweigs, wo sie den Besuchern in ihrer unnachahmlichen Weise Einblicke in den mittelalterlichen Gemüsekosmos vermittelt. „Für mich ist der VEN ein Stück Lebenssinn", macht sie keinen Hehl daraus, wie elementar wichtig ihr das Engagement für die Nutzpflanzenvielfalt ist. Sie drängt darauf, dass das Thema ernsthaft angepackt und in die politische Arena geworfen wird, „damit die Dinge endlich vorankommen".

„Je nach Gemüseart sind bis 85 Prozent aller Sorten, die es noch vor 100 Jahren gab, ausgestorben", klagt sie die Ignoranz in Politik und Wirtschaft gegenüber dem Verlust von gewachsenem Kulturgut an. „Wenn wir jetzt nichts tun, dann ist es irgendwann zu spät", fordert sie zum sofortigen Handeln auf.

Und zwar nicht in Genbanken, sondern als gelebte Kultur in den Beeten und auf den Äckern. Für die 1951 am Vogelsberg geborene Reinhard, die schon als Kind in der Apotheke ihrer Eltern von Kräutern und Heilpflanzen fasziniert war, ist allein die Kenntnis um die bedrohte Vielfalt Motivation genug, sich auch weiterhin zu engagieren.

Umso mehr freut sich die „Hüterin der Gemüsesortenvielfalt" über die Tatsache, dass die Debatte zur Biodiversität die Politik erreicht hat. Ganz klar: Die Arbeit von Ursula Reinhard trägt langsam Früchte.

← Rot in Rot: Tomatenexpertin Ursula Reinhard zeigt mit großer Freude ihre unglaubliche Auswahl vom beliebtesten Gemüse der Deutschen.

Zwei echte Ostfriesen →
von beeindruckender Statur.
Beide extrem winterfest.

MEISTER DES GRÜNKOHLS
REINHARD EHRENTRAUT

Ständig ist der Bauernsohn alten Gemüsesorten auf der Spur. Mehr als 180 Saatherkünfte hat er in privaten Gemüsegärten rund um die ostfriesische Gemeinde Rauderfehn schon gesichtet, vermehrt und weitergezüchtet. Als Mitglied von Dreschflegel vertreibt er seine Saat an Hausgärtner und Selbstversorger. Sein Sortiment zählt insgesamt über 110 Sorten und die Nachfrage danach steigt. Grünkohl, das für Ostfriesland so typische Gemüse, spielt beim 41-jährigen Ehrentraut eine wichtige Rolle. Er hat mittlerweile 26 Herkünfte aufgabeln können. „Schau hin, wie unterschiedlich die in Wuchs, Farbe und Blattbeschaffenheit sind!", freut sich Ehrentraut an der Grünkohlvielfalt in seinem Vermehrungsgarten. Auch die sogenannte Ostfriesische Palme gedeiht bei ihm. Die Landsorte überragt mit 1,80 Meter alle anderen Sorten. Nomen est Omen: Ihr Strunk und die seitwärts abstehenden Blätter ähneln tatsächlich tropischen Palmen. Ein Gramm Saat reicht für einen Palmenhain von 100 Pflanzen. Begeistert ist Reinhard Ehrentraut auch von der geschmacklichen Reichhaltigkeit alter Landsorten, die wegen fehlender Zulassungen in Saathandlungen gar nicht mehr zu finden sind. Bemerkenswert auch die gesundheitliche Robustheit des regionalen Gemüses, was sich der Experte mit der optimalen Anpassung an den jeweiligen Standort erklärt. Für Ehrentraut geht das schleichende Sterben der Nutzgärten einher mit dem Verlust alter Gemüsesorten. Diese kulturelle Erosion ist in Ostfriesland genauso zu beobachten wie in vielen anderen Regionen Europas. Darüber lamentieren mag er aber nicht. „Für mich ist es spannender herauszufinden, wie es gelingt, die Kultur der Nutzgärten in die Moderne hinüberzuretten." Denn für ihn ist Säen, Wachsen, Pflegen, Ernten und Essen nicht ein-

„Jede Landsorte hat einen eigenen Charakter, ist eine Persönlichkeit."

fach nur Zyklus, sondern eine Frage des Lebensstils. Dafür wirbt er auf vielerlei Vorträgen und so ist der dynamische Rotschopf zumindest in der ostfriesischen Region inzwischen eine bekannte Größe.

Der ostfriesische Noah bewahrt seine Schätze in einem halbunterirdischen Lager. Schachtel an Schachtel liegt hier Saatgut von Gemüse und Zierblumen: Andenbeere, Ochsenzunge, Wilde Rauke, Erdbeerspinat, Dauerwirsing, Bechermalve, Sonnenflügel. Dabei steht Ehrentraut erst am Anfang. „Sich auf engem Raum züchterisch zu bewegen ist spannend. Es gibt noch viel zu tun."

PASSIONIERTER SAMMLER KLAUS LANG

„Saatgut- und Erhaltungsgarten von Klaus Lang" steht auf dem kleinen grünen Schild neben der Heckentür. Das stimmt. Doch vermittelt dieser nüchterne Hinweis nur wenig von dem beeindruckenden gärtnerischen Schatz, der sich dahinter verbirgt. Mehr als 500 Arten kultiviert der Freizeitgärtner und Erhaltungszüchter Klaus Lang in seinem 3.500 Quadratmeter großen Garten: seltene Gemüse, Kräuter, Heil-, Hexen-, Färber- und Faserpflanzen. Vielfalt auf engstem Raum. Unter

„Vielfalt wird nur erhalten, wenn die Saaten sich in den Beeten Jahr für Jahr ihrer Umgebung anpassen"

anderem Sibirischer Kohl, Japanischer Ingwer, Erdmandel, Eiskraut und Rote Gartenmelde; 60 Prozent Gemüse, 40 Prozent andere Nutzpflanzen. „Ja, klar, hier steckt Arbeit drin", sagt er beim Rundgang durch die Kulturen ganz bescheiden und lächelt mit Schwielen an den Händen zufrieden, „umgraben, säen, Unkraut jäten und wässern."

Kaum zu glauben, dass der 45-Jährige dieses Kleinod neben seinem Vollzeitjob als Angestellter in einem mittelständischen Familienunternehmen zum Leben erweckt hat. Rund 750 Stunden verbringt er auf seiner Scholle, im Schnitt also rund zwei Stunden pro Tag, damit auch alle Pflanzen genügend Pflege bekommen. „Es macht einfach Spaß, in der Erde zu wühlen", steht der diplomierte Elektrotechniker zu seiner wahren Berufung: „Gärtnern ist mein Leben." Dabei hat er seine Leidenschaft eher zufällig entdeckt. Als er in Weingarten Elektrotechnik studierte, da mietete er eine Wohnung – mit Gemüsegarten. Das blieb nicht ohne Folgen. Schnell packte ihn der grüne Virus und er baute mehr und mehr selber an. Er kam in Kontakt mit der Erhaltungsarbeit der Arche Noah, wurde deren Mitglied und „las am Ende mehr Gartenbücher als elektronische Fachliteratur."

Als er 1992 das Studium beendete, zog er ins lieblich-gediegene Wolfegg im Allgäu, wo er inzwischen mit seiner Frau und den beiden Kindern Wurzeln geschlagen hat. Allerdings wirft der Garten nur wenig für die eigene Küche ab. „Du musst dich entscheiden", sagt er, „entweder essen oder vermehren." Er hat sich seit Langem für Letzteres entschieden. Sein Saatgut, ob nun von seinen Lieblingen Bohnen, Linsen, Zuckerwurzel und Gartenkresse oder von anderen Arten, erfreut sich wachsender Resonanz bei Hobbygärtnern.

↑ Wegen der großen Nachfrage nach seinen Saaten will er seine Anbaufläche erweitern. Und vielleicht wird ja aus dem Hobby doch noch mal ein Beruf.

SAMENBAU IST POLITIK
STEFI CLAR

Zur Landwirtschaftslehre auf einem Bioland-Betrieb kam Stefi Clar aus einer Mischung aus Selbstversorgungswunsch, keinen „Scheiß-Job-machen-Wollen" und der schon in frühen Jahren begonnenen Auseinandersetzung mit Süd-Nord-Fragen. Sie ist eine Frau, die in politischen Kategorien denkt und sich selbst als „weit links und alternativ" begreift. „Fragen zu Saatgut und Zugkraft waren für mich immer wichtig", betont sie.

„Vielfalt ist ein schillernder Begriff. Wir sollten gut hinhören, wer ihn mit welchen Absichten benutzt."

Nach der Lehre und einem längeren Aufenthalt in Chile studierte sie Politikwissenschaft in Kassel, Heidelberg und Göttingen. Dort lernte sie kaum zufällig AkteurInnen des Demeterhofes Kuhmuhne im 150-Seelen-Dorf Schönhagen und den Dreschflegel kennen. „Da gab es Samenbau und Pferdearbeit, selbstorganisierte Gruppenstruktur mit Konsensprinzip", umschreibt sie ihre Motive, sich dort zu engagieren. Als sie 1999 ihre Magistra-Arbeit zur Rolle von Saatgut in der internationalen Agrarforschung verfasst,

ist ihr bereits klar, dass sie selber im Samenbau arbeiten will. Nach dem Uni-Abschluss steigt sie im Samenbau in Schönhagen und bei Dreschflegel ein. Trotz ihrer praktischen Arbeit „draußen auf dem Acker" verfolgt sie den politischen Diskurs zu Vielfalt in Landwirtschaft und Natur, Entwicklungen im Saatgutrecht und in der Gentechnologie bis heute aufmerksam. Kein Zweifel, sie ist eine Grenzgängerin zwischen Theorie und Praxis. Einerseits macht sie den Samenbau mit Herzblut, andererseits fühlt sie sich immer wieder zur intellektuell-politischen Arbeit hingezogen. „Eine Mischung aus Kopf- und Körperarbeit finde ich ziemlich klasse, macht für mich den Charme aus", positioniert sie sich selbst, gräbt dabei ihre Hand in die Erde und wühlt eine länglich-blaue Kartoffel, ein 'Blaues Horn', heraus. Ein paar Schritte weiter greift sie noch einmal in die Erde, holt aus dem Boden ein vollrundes, tiefrotes Exemplar heraus. „Diese Sorte ist wie viele andere, die hier stehen, aus einem einzigen Samen des 'Blauen Horns' entstanden", freut sie sich. „Saatgut selber in der Hand haben und jenseits von Konzernstrukturen und Rohstoffcharakter weitergeben", so Stefi Clar, „hat widerständisches Potenzial".

← Sie engagiert sich in vielen Bereichen und ist vor allem auf dem
Feld zu finden – hier beim Saatgut-
seminar 2007 in Schönhagen.

Dieser Mann ist Erfahrung pur. →
Und obwohl er schon seit vielen
Jahren im Garten experimentiert,
kann er sich immer wieder für
Neues begeistern.

PIONIER FÜR DIE VIELFALT
LUDWIG WATSCHONG

Er gründete 1986 den Verein zur Erhaltung der Nutzpflanzenvielfalt (VEN). Damals lebte Ludwig Watschong in Worpswede. Er beschäftigte sich in jener Zeit intensiv mit der Spagyrik, einer jahrhundertealten Zubereitungsmethodik von Heilpflanzen innerhalb der Alchemie. Somit verfügte er schon über ein reichliches botanisches Vorwissen, als er sich aufmachte, alte Gemüsesorten und Kulturpflanzen zu retten. „Ich habe Bohnen und Erbsen gesammelt, habe alles genommen, was ich kriegen konnte", erzählt er von jenen wilden Aufbruchsjahren. 1987 erwarben er und seine Frau dann einen alten Bauernhof in Arenborn, einem Dorf im Weserbergland. Dort weitete er das Gemüsesortiment „mit viel Zeit und wenig Ertrag" weiter aus, während seine Frau Nicola mit Gitarrenunterricht und Arbeit im Reformhaus und er mit Jobs in der Tofufabrik sowie als Koch den Lebensunterhalt für die vierköpfige Familie verdienten.

Aus den gärtnerischen Leidenschaften von einst ist mittlerweile ein Vollzeitjob geworden. So macht der 1952 geborene Ludwig Watschong nach einer kurvenreichen Vita von der Lehre zum Chemiefacharbeiter, Heilpraktikerausbildung, Studium der Ethnologie und Soziologie, prägenden Erlebnissen im indischen Ashram bis hin zum Heilpraktiker mittlerweile genau das, was ihn am meisten fasziniert: „Es geht mir um die Pflanzen und wie sie sich verändern", erklärt der Erhaltungszüchter in seinem malerischen Garten hinterm Hof. Der Dreschflegel-Produzent freut sich darüber, gemeinsam mit den Pflanzen schöpferisch tätig sein zu können und züchterisch um Geschmack, Farbe und Lagerfähigkeit zu ringen. Da Vielfalt für ihn das Nonplusultra ist, kritisiert er die neue Saatgutverordnung scharf. „Es ist Schwachsinn, die Vielfalt auf

„Mit den Pflanzen schöpferisch tätig sein zu können, begeistert mich."

einen Umkreis von 70 Kilometern zu beschränken." Für ihn ist die Beschäftigung mit Berglauch, Maikönig, Süßdolde, Winterheckenzwiebel, Rauchgras, Schwarzen Puffbohnen und einer Tomate namens 'Pfirsich', um nur einige Exemplare aus seiner Beetpalette zu nennen, immer auch ein Lernprozess. „Du übst dich in Geduld und lernst mit Rückschlägen fertigzuwerden." Und manchmal kommt der Pionier der Nutzpflanzenvielfalt regelrecht ins Philosophieren: „Durch die Arbeit im Garten und mit den Pflanzen erlebe ich die Veränderungen der Zeit sehr intensiv: Die Besinnung im Winter und das Erwachen im Frühling."

↑ Der Botaniker betont, dass professionelle Saatguterhaltung
aufwendig und nicht immer einfach ist.

SAATGUT ALS SYSTEM
DR. GERALD KREBS

Im Hofeingang seines Hauses in Thale liegt zum Trocknen ausgebreitet frisch geernteter Feldsalat. Die feinen Salatsamen fallen auf eine darunter ausgebreitete Plane. Es ist Erntezeit bei Dr. Gerald Krebs, seines Zeichens Botaniker, genauer gesagt Pflanzensystematiker und seit dem Jahr 2000 ökologischer Gärtner und beredter Saatgutzüchter.

Die Biografie von Krebs ist typisch für viele Ostdeutsche seiner Generation. Nach seiner Doktorarbeit über die Taxonomie von Malvaceen übernahm er eine feste Stelle an der Universität Leipzig, die nach der Wende jedoch gestrichen wurde. Er geriet Ende der 90er-Jahre in die Arbeitslosigkeit und hielt sich mit einer Honorarprofessur für Gehölzkunde und Botanik über Wasser. Als er dann Friedmunt Sonnemann in einer Talkshow über Samenbau philosophieren hörte, bekam der Akademiker den entscheidenden Impuls, selbst Hand anzulegen: zu erhalten, zu vermehren, zu züchten. In seinem Garten, nicht mehr als 1.300 Quadratmeter groß, vermehrt er inzwischen rund 100 Sorten. Und im Hausgarten, vorbei an vagabundierendem Dill baut seine Frau Regina, gelernte Gärtnerin, mehrere alte, wunderbar mundende Erdbeersorten an. Seit 2003 ist Krebs Gesellschafter bei Dreschflegel und produziert für dessen Sortiment rund 50 Sorten. Seine Anbaupalette ist bunt: Sie beginnt bei Wermut, Möhrenhirse, Ackersenf, geht weiter über Färberwaid und Rauke bis hin zu lokalen Sorten wie der Stangenbohne 'Quedlinburger Speck'. Der vom wissenschaftlichen Umfeld geprägte Krebs spart nicht an Kritik und fordert, dass der VEN noch größeres Interesse entwickeln sollte, „um die eigenen Leute mehr zu qualifizieren". Die österreichische Arche Noah sei da in der Weitergabe von Wissen zur Saatguterhaltung aktiver. Indessen betrachtet Krebs die aktuelle Situation bei der Erhaltung vor allem alter Kulturpflanzen sehr nüchtern. „Der Ökogewerbsgemüsebau kann es nicht, die Genbanken schaffen es sowieso nicht und als Hobby allein geht es eben auch nicht." Ein Dilemma, dass der Dreschflegel e.V. mit Hilfe von VEN allein jedoch nicht beheben kann, „zumal wir von der Dreschflegel GbRmbH ein wenig bremsen, weil wir nicht zu schnell wachsen wollen." Mit Sorge beobachtet er die wirtschaftliche Konzentration auf dem Saatmarkt. Rund 40 Prozent des Weltsaatgutes werden von nur zehn Unternehmen hergestellt bzw. kontrolliert.

„Wenn die Monopolisierung so weitergeht, dann kommt die Katastrophe."

GEMÜSEBAUER AUS LEIDENSCHAFT
TORSTEN SCHÄDLICH

Er ist Idealist und Gemüsebauer aus wahrer Leidenschaft. Schon als Kind packte ihn die Möglichkeit „etwas anzubauen und dann zu essen". Aus der kindlichen Faszination ist für Torsten Schädlich inzwischen eine Lebensaufgabe erwachsen. Vor drei Jahren wagte er den Sprung in die Selbstständigkeit. Er reaktivierte den vor zwanzig Jahren aufgegebenen Gartenbaubetrieb seines Vaters in Hemdingen in Südholstein und trat als überzeugter Biogärtner dem Anbauverband Bioland bei.

„Ich suche ständig Raritäten. Das Problem ist allerdings oftmals, woher bloß die Saat nehmen?!

Zwei Jahre lang hat er den verwilderten Betrieb mit 1,7 Hektar humosem Sand und 1500 Quadratmeter unter Glas aufgeräumt, um im Jahr 2008 endlich mit der Erzeugung von Gemüse und Kräutern zu beginnen. Mit großem Erfolg. „Ich hatte einfach das Glück, dass mir Susanne Brandes, die auf mehreren Hamburger Wochenmärkten Biogemüse verkauft, auf Anhieb ungefähr drei Viertel meiner Ernte abgenommen hat", freut sich der rege Biogärtner. Sicherlich war die Vermarktung wichtig für den gelungenen Start, doch liegt das eigentliche Erfolgsgeheimnis in der kompromisslosen Frische und im vielfältigen Sortiment mit seinen Besonderheiten. Der Gärtnermeister im Gemüsebau bezeichnet sich selbst als experimentier- und lernfreudig. „Ich probiere gerne etwas Neues aus", bekennt der 32-Jährige beim Gang durch seine Gärtnerei. Vorbei an Zitronen- und Zimt-Basilikum, Koriander, großblättriger Kresse, Pimientos de Padrón, Cardy und formschönen Gemüsechili erzählt er von seinem außergewöhnlichen Sortiment. Gerne würde er mal Neuseeländer Spinat oder Sibirischen Kohl im Anbau testen; gut angekommen ist er bei seinen Kunden schon mal mit einem sehr früh geernteten Knoblauch, dem ajo tierno. Seine Affinität zur spanischen Küche kommt nicht von ungefähr. Denn nach einer Gärtnerlehre zog es ihn nach Spanien. Dort arbeitete er auf verschiedenen Selbstversorger- und Aussteigerhöfen. Um viele Erfahrungen reicher kam er nach über drei Jahren wieder zurück. Auf einem badischen Biolandhof lernte er den Erwerbsgemüsebau kennen, absolvierte die Meisterschule, um danach schließlich zu seinen Ursprüngen, nach Hemdingen nördlich von Hamburg, zurückzukehren und selbst Biogemüse anzubauen.

← Er ist sehr dicht am Kunden. Sein Credo lautet: „Biogemüse frisch vom Feld!"

GEBALLTES WISSEN LOKAL VERWURZELT
DR. JÖRGEN BECKMANN UND
DR. THOMAS GLADIS

Eichstetten am Kaiserstuhl genießt in der Ökolandbau-Bewegung einen guten Ruf. Kein Wunder, stellten in der 3.500 Einwohner zählenden badischen Gemeinde bereits in den 1950er-Jahren sieben Höfe auf die biologisch-dynamische Wirtschaftsweise um. Das „geistige Beet" war also vorbereitet, als die „Stiftung Kaiserstühler Garten" im Jahr 2001 feierlich gegründet wurde. „Die Kulturpflanzenvielfalt der Region zu bewahren, zu erforschen und zu fördern", ist Ziel der Stiftung. „All unsere Aktivitäten sind eingebettet in die Gemeinde und den Ort", sagt Dr. Jörgen Beckmann. Herzstück der Arbeit ist der Samengarten: Er bringt Besuchern auf einem halben Hektar die Vielfalt von bekannten und raren Gemüsearten näher. Kinder sehen hier oft zum ersten Mal, dass Karotten blühen können. Sie riechen, sehen und ertasten, was Vielfalt tatsächlich heißt. Führungen, auf denen Saatgutvermehrung erörtert wird, stehen im Sommer auf dem Programm. Dr. Jörgen Beckmann, Biologe und Geschäftsführer dieser bundesweit bisher einmaligen lokalen Saatgut-Initiative, begreift den weiteren Aufbau des Samengartens als ein offenes Projekt. „Nach fünf Jahren des Sammelns und Vermehrens haben wir jetzt einen Grundbestand", freut sich der 57-Jährige. Die lokale

Samenbank on farm ist jedoch keine statische Sache. Die darin stattfindende Erhaltungszucht unterliegt einem evolutionären Prozess, der sich den verändernden Naturbedingungen anzupassen vermag und wichtige Impulse für die regionale Landwirtschaft und Gastronomie gibt.

Mit Dr. Thomas Gladis haben sich die badischen Pioniere für ihre lebende Regionalsortensammlung keinen besseren an Land ziehen können. Der 1956 geborene Biologe, der lange Zeit am Gaterslebener Institut für Kulturpflanzenforschung arbeitete, ist bundesweit einer der bekanntesten Kulturpflanzenforscher. Er ist ein wandelndes botanisches Lexikon, ein Verrückter im positiven Sinne, einer, der seit Jahren Sorten sammelt und vermehrt. Gladis lehnt den Einsatz staatlicher Forschungsmittel zur Entwicklung und Anwendung molekularer Züchtungstechniken entschieden ab, „weil der Nutzen privatisiert wird und einzig Protagonisten jener Methoden zugutekommt". Er geht lieber in Bauerngärten und findet dort lokale Sorten von Bohnen, Gurken und Tomaten. Dabei trifft er immer wieder auf engagierte Leute, „die gesellschaftliche Erhaltungsverantwortung wahrnehmen und unser aller lebendes kulturelles Erbe nutzen wollen".

↑ „Die Suche nach alten lokalen Sorten geht genauso weiter wie die Entwicklung der Saaten seltener und bekannter Arten", sagt das kompetente Team.

↑ Im Moment greift Christina Henatsch noch auf samenfeste
Sorten von Züchtern aus den 80er-Jahren zurück.

AUS BIODYNAMISCHER ÜBERZEUGUNG
CHRISTINA HENATSCH

„Die Züchtung war früher regional, heute ist sie international", erklärt Christina Henatsch, biologisch-dynamische Züchterin von Gemüsesaaten auf dem Demeter-Betrieb Wulfsdorf. Aus diesem Grund kann sich kein Saatgutbetrieb mehr eine Biozüchtung leisten. Deshalb hat sich 1994 der gemeinnützige Verein Kultursaat gegründet, um die biologisch-dynamische Gemüsezüchtung auf bundesweit rund 20 Betrieben zu organisieren. So gelang es, über 30 Gemüsesorten als Neuzüchtungen beim Bundessortenamt anzumelden. „Das Sortenkarussell dreht sich immer schneller", stellt die 44-jährige Henatsch fest, „wovon auch der ökologische Gemüseanbau nicht unberührt bleibt". Sie bemängelt, dass nur ein Teil des Gemüsesaatgutes aus ökologischer Produktion kommt. Dabei nehme der ökonomische Druck auf die Biogärtner noch weiter zu, worunter die Qualität leidet. „Die Lebenskräfte in den Pflanzen sind in manchen Fällen verändert oder geschwächt", bedauert die Züchterin, die Landwirtschaft und Gemüsebau von der Pike auf lernte und danach Organischen Landbau studierte. Ihre Züchtung und ihr Samenbau sind in den Gemüseanbau auf dem Wulfsdorfer Hof – zehn Hektar Feingemüse, davon drei Hektar Möhren und Kohl – integriert. Darüber hinaus betreibt sie züchterische Forschung. Insgesamt betreut sie über 50 Sorten, unter anderem 20 Möhren, 15 Salate, zwölf Porree und fünf Brokkoli; auch ein Zuckerhut, eine Zichorien-Art (*Cichorium intybus*), gehört dazu. Wenn sie in den Gewächshäusern durch weiß blühende Möhren, gelb blühende Kohlrabi, blau blühende Radicchio und kugelige Fruchtstände verschiedener Lauchsorten geht, ist sie in ihrem Element. Sie weiß, welche Anforderungen heute an Biogemüse gestellt werden. „Das muss optisch mit

„Die gärtnerische Praxis ist für mich Voraussetzung, um erfolgreich züchten zu können."

dem konventionellen mithalten, es muss homogen und ertragreich sein." Zudem ist unser Ziel, Gemüse zu entwickeln, die gut schmecken, bekömmlich sind und eine innere Qualität haben." Diese Ansprüche seien mit Sorten von Dreschflegel, VEN und all den anderen Aktiven, deren „lebendige Genbanken" sie für sehr wertvoll erachtet, nicht zu schaffen. Die biodynamische Züchterin greift daher hauptsächlich auf bestehende, samenfeste Sorten von konventionellen Züchtern aus den 80er-Jahren zurück.

LEBENSKÜNSTLERIN MIT CHARME
MARGARETE PESCHKEN

„Ich fand es hier sofort genial. Wenn nicht hier im Osten, dann wäre nur noch New York oder die Ukraine geblieben." Einer von den vielen umwerfenden Sätzen, die aus dem Munde von Grete Peschken kommen. „Ich wollte schon immer Landwirtin werden", sagt sie am Holztisch in der Diele ihres denkmalgeschützten Hauses im mecklenburgischen Fürstenhof. Ihr Hund wuschelt unterm Tisch, eine Katze miaut und an der Leine unterhalb der Holzdecke hängen viele Säckchen, auf denen Namen wie „Koriander 2007", „Feuerboh-

„Gute Gartenkultur ist hochgradig ästhetisch befriedigend."

nen (Ostpreußen)", „Tagetes" und „Walnüsse" zu lesen sind. Die braungebrannte Mutter von drei Kindern, Jahrgang 64, serviert selbst gemachten Apfelsaft. Kaffee fällt heute aus, weil der Gasbehälter leer ist. Alles kein Problem, sie ist groß im Improvisieren, eine Lebenskünstlerin mit Charme: „Chaotisch gerade." Grete Peschken hatte ihr Studium der Malerei an der Berliner Hochschule der Künste (HdK) beendet, als die Mauer fiel, sie durch die Ex-DDR fuhr und ihre „Hütte" für schlappe 500 Mark erwarb. Damit begann für die Tochter aus linksintellektuellem Hause in Ber-

lin-Lichterfelde das Abenteuer Landleben. Als ihr erstes Kind an Neurodermitis litt, begann sie, eigenes Gemüse anzubauen und peu à peu auch Saat zu gewinnen; ihre Kunstprojekte gerieten ins Hintertreffen. Anfänglich hatte sie für ihre Saaten kaum Abnehmer, „heute sind es schon wesentlich mehr." 20 Kilogramm Saatgut von 140 Arten im Jahr 2007. Doch nicht genug. Neben ihrer Saatarbeit gestaltet sie den Schulgarten in der benachbarten Waldorfschule, „die war mal die kleinste in Europa" und unterrichtet die Kinder dort in Kunst. „Ich mache viel", bekennt die fröhliche Frau mit den lebhaft funkelnden Augen, „da habe ich nicht viel Zeit für Frust".
Alles ist im Fluss, auch der eigene Betrieb Samen Bau Nordost. „Wir wollen zum Saatbau eine Gärtnerei mit Schwerpunkt essbare Blüten aufbauen", verweist sie auf ihre drei Mitstreiter Florian, Dario und Sarah. In Zukunft möchte die gärtnerische Autodidaktin auch die 30 alten Landsorten Kartoffeln, die sie von einem älteren Mitglied des Vereins zur Erhaltung und Rekultivierung von Nutzpflanzen in Brandenburg e.V. (VERN) übernahm, anbauen, reichlich ernten und in Berlin und sonst wo vermarkten. Kein Zweifel: In Mecklenburg gibt es offenbar noch Orte, in denen sich das Paradies nicht nur behauptet, sondern sogar ausdehnt. Gut so.

↑ Auf ihrem malerischen Hof in Mecklenburg-Vorpommern
wird seit Jahren vieles ausprobiert und kultiviert.

Maren Uhmann und Rudolf Funke: →
Ihr Verhältnis ist geprägt von gegen-
seitigem Respekt und großer Sym-
pathie; beste Voraussetzungen für die
Weitergabe von Wissen und Saat
an Jüngere.

SAAT UND SAMEN WEITERGEBEN

Die Sojabohne 'Funke'

'Funke' heißt eine Sojabohne, die im Dreschflegel-Katalog angeboten wird. Hinter der Sorte verbirgt sich der Name eines Mannes, der diese Sojabohne über viele Jahre in seinem Garten vermehrte, weiterzüchtete und sie vor einigen Jahren spontan an die jüngere Kollegin Maren Uhmann weitergegeben hat. „Ich hatte den Schaugarten in Schönhagen besucht, und ich fand die gärtnerische Arbeit dort so beeindruckend, dass ich gar nicht lange überlegt habe. Nach ein paar Gesprächen mit Frau Uhmann habe ich ihr dann meine Sojabohne geschenkt", freut sich Rudolf Funke aus der thüringischen Kleinstadt Breitenbach über den Generationen übergreifenden Transfer. Zufrieden, fast ein bisschen weise, sitzt er, weit über 80 Jahre alt und im Geiste hellwach, auf einer Holzbank im zwei Morgen großen Garten seiner Familie. Das Fleckchen Erde war während der DDR-Zeit von unschätzbarem Wert. „Wir waren doch mehr oder weniger Selbstversorger", erklärt der frühere Gartenbau-Ingenieur, der als Brigadier über Jahrzehnte auf einer 500 Hektar großen Landwirtschaftlichen Produktionsgenossenschaft (LPG) sowohl in der Tierhaltung als auch in der Pflanzenproduktion arbeitete. „Den Garten haben wir am Wochenende und nach Feierabend gepflegt. Neben Kartoffeln, Kohl, Porree, Erdbeeren und dem ganzen Obstbestand haben wir auch zwei Kühe gemolken, ein Schwein und Hühner gehalten", gewährt Funke einen Blick in den Hinterhof des ostdeutschen Sozialismus. Der Arbeiter- und Bauernstaat scheiterte, seine Mauer fiel 1989, doch der Garten der Familie blieb. Zwar sind

> **„Nach ein paar Gesprächen mit Frau Uhmann habe ich ihr dann meine Sojabohne geschenkt."**

Kühe und Schweine inzwischen geschlachtet worden, doch grasen dafür jetzt Kamerun-Schafe hinter einem abgezäunten Stück.

Neben Apfel-, Birnen- und Walnussbäumen existiert weiterhin ein Gemüsebeet, wenngleich wesentlich kleiner als früher. Auf ihm wachsen unter anderem Topinambur, Zuckermais und die nach ihm benannte Sojabohne heran. „Iskra wäre auch ein schöner Name gewesen", erzählt Rudolf Funke schmunzelnd. „Das russische Wort für Funke klingt doch noch besser, oder?"

Draußen im Beet lässt sich alles am besten erklären.

Sojabohne 'Funke'

Seine Sojabohne entdeckte er Mitte der 80er-Jahre in der Bäuerlichen Handelsgenossenschaft in Bleicherode. „Ich habe mir ein paar Samen mit nach Hause genommen und sie einfach mal ausgesät." Das Ergebnis war anfänglich sehr bescheiden. Allerdings kam die in hiesigen Breiten nun nicht gerade heimische Sojabohne nach jahrelanger züchterischer Sorgfalt, „ich habe immer die besten selektiert", mit dem Standort immer besser klar.

Als er vor Kurzem in der Zeitung las, dass der thüringische Landwirtschaftsminister aufgrund des kommenden Klimawandels glaube, dass es in Zukunft durchaus möglich sei, Sojabohnen in Thüringen im großen Stil anzubauen, da schrieb er etwas belustigt einen Leserbrief. „Ich baue hier schon seit vielen Jahren Sojabohnen an."

Wenn Funke in der deutsch-deutschen Geschichte kramt, dann macht er keinen Hehl daraus, dass er die

Art und Weise, wie die Wende über die fünf neuen Bundesländer hereinbrach, auch mit Abstand in keiner Weise gutheißt. „Wir Ostdeutschen haben den größten Teil der Kriegslasten getragen und sind nach 1989 noch mal die Dummen gewesen." So sehr seine zeithistorische Analyse besticht, so wenig ist er selber persönlich verbittert. Insofern ist die Weitergabe seiner ostdeutschen Sojabohne an eine westdeutsche Erhaltungszüchterin in zweierlei Hinsicht versöhnlich: Zum einen auf der Ebene der deutsch-deutschen Zeitgeschichte. Zum anderen zeigt dieses Beispiel uneigennütziger Weitergabe eines lebendigen Kulturgutes an die übernächste Generation auf schöne Weise, wie sich Vielfalt in Zeiten weitreichender Kommerzialisierung trotzdem entfalten kann.

Zumal die Sojabohne in guten Händen ist: „Der Samenbau müsste in der gärtnerischen und landwirtschaftlichen Ausbildung stärker behandelt werden",

Der Dialog zwischen den Generationen ...

... sichert den Fortbestand vieler alter Grünkohlsorten.

weiß die gelernte Gärtnerin Maren Uhmann um bestehende Defizite. Die 32-Jährige baute den inzwischen überregional bekannten Schaugarten im 150-Seelen-Dorf Schönhagen zusammen mit Martina Bünger auf. Das große, in Form einer Spirale angelegte Beet mit einer üppigen Vielfalt von Kulturpflanzen bringt den Besuchern auf eine selten einprägsame, weil sichtbare Art und Weise Entwicklung und Geschichte europäischer Gemüsekultur näher.
Drei Jahre lang betreute Maren Uhmann diesen öffentlichen Garten mit finanziellen Mitteln des Bundesministeriums für Ernährung, Landwirtschaft und Verbraucherschutz, Regionen Aktiv und der Darmstädter Software AG. Dann entscheidet sie sich für einen eigenen Saatbaubetrieb.
Zusammen mit ihrem Partner Lars und einem befreundeten Paar erwerben sie mit Mut und Pioniergeist ein altes Fachwerkhaus im Dorfkern von Schön-

hagen und vermehren inzwischen auf einer Fläche von 3.000 Quadratmetern insgesamt 45 Gemüsesorten. Der Betrieb ist mittlerweile dem Demeter- Anbauverband angeschlossen, die Saat wird über Dreschflegel vermarktet. Unter anderem eben auch die Sojabohne 'Funke', die jetzt in Ost und West wurzelt.

Von Kohl und Bohnen

In Ostfriesland ticken die Uhren anders. Besonders die alte Pendeluhr in der Küche der Geschwister Boelmann im Dorf Collinghorst. Und doch gibt es hier auf dem flachen norddeutschen Land, wo ein Platt gesprochen wird, das wie eine fremde Sprache klingt, einen wertvollen Generationentransfer zu vermelden. Denn die Boelmanns, Gesine, Hermann und Gerhard, alle über 70 Jahre alt, haben ihre alten Landsorten von Bohnen und Grünkohl über viele Jahrzehnte selber vermehrt und weiterentwickelt, mit bestem Wissen und Gewissen an den viel jüngeren Erhaltungszüchter Reinhard Ehrentraut weitergegeben. „Wenn dat man gaut geit (wenn das mal gut geht)", waren die Brüder Hermann und Gerhard am Anfang noch skeptisch gegenüber dem Saatbaubetrieb des Rotschopfs aus der Nachbargemeinde. Doch ist die längst gewichen. „Er hat sich in die Sache reingearbeitet, der hat Ahnung und weiß, wohin es geht", ist Hermann mitt-

„Er hat unser Vertrauen, wir geben ihm unsere Saat und er gibt uns von seinen Sorten."

lerweile voll des Lobes. „Er hat unser Vertrauen", stimmt ihm Gerhard zu, „wir geben ihm unsere Saat und er gibt uns von seinen Sorten. Das Ganze beruht auf Gegenseitigkeit". Schwester Gesine nickt, die Pendeluhr tickt und es ist einfach schön zu wissen, dass der Transfer geklappt hat.

Die Geschwister Boelmann sind Zeitzeugen einer bäuerlichen Lebenswelt, die zu großen Teilen nur noch Geschichte ist. Bis Mitte der 90er-Jahre bewirtschafteten die drei von insgesamt acht Kindern ihren elterlichen Hof mit 28 Hektar Land. Bis Ende der 60er-Jahre gab es nur Pferdekraft auf dem Hof. Eine alte Schwarzweiß-Aufnahme an der Küchenwand, auf der ein Pferd vor einem voll beladenen Heuwagen zu sehen

ist, zeugt von jener Zeit, als alles noch langsamer vonstatten ging. „Urlaub gab es nicht", sagt Hermann. Sie melkten Kühe, hielten ein paar Schweine, kultivierten Gerste, Hafer, Roggen und bewirtschafteten einen großen Nutzgarten: Sie zogen Buschbohnen wie 'Hinrichs Riesen' und Stockbohnen wie 'Margret' und 'Nektarkönigin'. Dazu gab es Erbsen, Etagenzwiebeln, Kartoffeln, Schalotten, Rote Beete und Petersilie – „Salate weniger", wie Küchenchefin Gesine bemerkt. Die drei Geschwister versorgten sich nahezu selbst und gewannen ihre Saat aus den eigenen Beständen. „Wir haben die Bohnen entweder in Büschen zum Trocknen an einen Balken gehängt oder haben die Samen in kleinen Säckchen bis zum Aussaatermin im Frühjahr aufbewahrt", erzählt Hermann.

Daran hat sich bis heute nichts geändert. Auch nicht an der Düngung. Gedüngt wird wie eh und je nur mit Stallmist. „Dor kümmt nix anners rop (da kommt nichts anderes drauf)." Da machen die Boelmanns, die mehr als ein halbes Jahrhundert Erfahrung auf dem Buckel haben, keine Kompromisse. „Gemüse ist zwar mit Arbeit verbunden", räumt Gerhard Boelmann ohne Umschweife ein, „aber wer rastet, der rostet." Das stimmt.

Und so geht der fachliche Austausch mit Reinhard Ehrentraut immer weiter. „Auch an unseren Dahlien und Stockrosen ist er interessiert", freuen sich die beiden Brüder über die Tatsache, dass ein viel Jüngerer den Reichtum in ihrem Garten zu schätzen weiß.

54

↑ Gerade jetzt ist das Wissen der Alten wichtiger denn je.

VIELFALT ZEIGEN

Mal ehrlich, wer kennt schon Spargelsalat, Haferwurzel und Etagenzwiebel? Sicherlich nur die wenigsten. Wirklich schade, haben es doch die seltenen Arten in sich: Sie sind voller geschmacklicher Überraschungen und bereichern den Garten schon alleine durch ihr Aussehen. Aber auch seltenere Sorten von Tomaten, Bohnen, Kohl und Salat locken mit ihrem Reichtum an Farben, Formen und Geschmack.

ZUCKERERBSE

*Ein Gemüse fürs Volk scheinen Zuckererbsen hierzulande nie gewesen zu sein.
Schon zu Kaisers Zeiten waren sie als „Kaiserschote" vermutlich ein Gemüse
für die Küche des Adels und des gehobenen Bürgertums.*

Herkunft & Aussehen

Die Zuckererbse (*Pisum sativum* ssp. *sativum* Macro-carpon-Gruppe), auch bekannt als Kefe oder Kiefelerbse, gehört zu den im 16. Jahrhundert entstandenen Gartenerbsen. Aus dieser Zeit (1562) stammt der vermutlich erste schriftliche Hinweis eines Anbaus von Zuckererbsen in Deutschland, der einen Fund von Erbsen ohne Pergamenthülle in einem Garten bei Kirchheim/Teck beschreibt. Alte Saatgutkataloge zeugen von der Nutzung verschiedener Sorten in Mitteleuropa, die sich in Formen und Farben der Hülsen und Körner sowie in ihren Wuchshöhen unterschieden. Heute nennt der europäische Sortenkatalog (2009) gerade noch fünf Sorten, die in Deutschland eine Zulassung haben.

Anbau, Vermehrung & Ernte

Zuckererbsen gehören zur Familie der Schmetterlingsblütler (Leguminosae/Fabaceae) und damit zu den Stickstoffsammlern. Aussaaten bis April versprechen gute Ernten im ansonsten gemüsearmen Frühsommer. Man unterscheidet Zuckererbsen von Zuckerbrecherbsen: Zuckererbsen sind bereits erntereif, bevor das Korn in der Hülse heranwächst, Zuckerbrecherbsen dagegen erst dann, wenn das Korn voll ausgebildet ist. Zuckerbrecherbsen sind auf dem Markt allerdings nicht zu finden.

Mit dieser leichten Kultur kann man gut in die Saatgutgewinnung einsteigen. Erbsen gehören zu den Selbstbefruchtern und einjährigen Arten. Man lässt die Pflanzen stehen, bis die Hülsen trocken abgereift sind. Es ist zu empfehlen, keine weiteren Gartenerbsen (Mark- und Schalerbsen) im Garten zu kultivieren, denn gelegentlich kommen Kreuzungen mit diesen Gruppen vor.

In der Küche

Zuckererbsen sind besonders zart, da ihnen die pergamentartige Innenschicht der Hülse fehlt. Sie werden im Unterschied zu anderen Erbsensorten mitsamt den Hülsen gegessen – die Franzosen nennen Sie daher *mangetout* (iss alles). Sowohl roh als auch kurz gedünstet sind sie eine Delikatesse und verleihen Salaten, Gemüsepfannen und Wokgerichten eine exotische Note. Sie schmecken, wie die Namensgebung vermuten lässt, besonders süß.

← Erntereife Zuckerschoten: knackig-süß und samt Hülse essbar. Statt sie teuer zu kaufen, lassen sie sich leicht im Garten anbauen.

Eine vitale Staudenpflanze: →
Ihre mild schmeckenden Halme
kann man als eines der ersten
Gemüse schon im zeitigen Frühjahr ernten.

WINTERHECKENZWIEBEL

Die ausdauernde Winterheckenzwiebel (Allium fistulosum) *ist eine attraktive Gemüseart für Selbstversorger. Ihre weißen, kegelförmigen Blütenstände sind reich an Nektar und werden besonders von Hummeln geschätzt.*

Herkunft & Aussehen

Im Mittelalter kam die Winterheckenzwiebel aus Asien, wo sie immer noch angebaut wird, über Russland nach Europa. Ihre einstmals weite Verbreitung verdankt das Zwiebelgewächs (Familie Alliaceae) der Tatsache, dass die saftigen Halme vom zeitigen Frühjahr bis spät in den Herbst hinein geschnitten werden können. Über Jahrhunderte hatte sie ihren festen Platz in Bauerngärten, weshalb sie in Deutschland unter vielen verschiedenen Namen bekannt ist: Winter-, Salat- oder Schnittzwiebel, Hohl- oder Röhrenlauch, Welsche Zwiebel, Lange Bollen und im Schwäbischen Schnattra. In einigen Bauerngärten Süddeutschlands wird sie bis heute kultiviert, während sie norddeutschen Gärtnern kaum noch bekannt ist. Ihr weitläufiges Verschwinden ist im Wesentlichen auf das Vordringen der Küchenzwiebel- und Lauchzwiebelsorten zurückzuführen. Die Winterheckenzwiebel ist winterhart und ausdauernd. Im Laufe von drei bis vier Jahren bildet sie dicke Horste, die eine Höhe von 60 bis 100 Zentimetern erreichen können. Ihre Blätter sind dunkelgrün und hohl, worauf sich der lateinische Artname *fistulosum* (röhrig, hohl)

bezieht. Im Sortenspektrum existieren weiß- und rotschäftige Typen. Als Schaft bezeichnet man den unterirdischen Teil des Blattes, der verschieden lang sein kann.

Ernte & Vermehrung

Winterheckenzwiebeln gedeihen an sonnigen und halbschattigen Standorten mit leichten bis mittelschweren Böden. Sie bilden nur sehr kleine Zwiebeln. Dafür entwickeln sie ein sehr üppiges Laub, das man bereits ab März verwenden kann. Vermehrt wird sie durch Teilung der Staude oder durch Ernte und Aussaat eigener Saat. Beide Vermehrungsformen bereiten auch Anfängern keine Probleme.

In der Küche

Winterheckenzwiebeln sind in allen Teilen milder als Küchenzwiebeln. Vor allem das grüne Laub wird genutzt, und zwar wie Schnittlauch zum Würzen von Suppen, Salaten oder Aufstrichen. Zu verwenden sind auch die während des Sommers gebildeten kleinen Nebenzwiebeln der Pflanze sowie die zahlreichen Blüten.

ETAGENZWIEBEL

Im Handel ist die Etagenzwiebel nicht zu finden, was wahrscheinlich auf die geringe Größe der Zwiebeln und den damit verbundenen Ernteaufwand zurückzuführen ist. Sie ist jedoch gut geeignet für den Anbau in Permakulturgärten.

Herkunft & Aussehen

Die mehrjährige Etagenzwiebel *(Allium cepa* var. *proliferum)* gilt wegen ihrer eigenartigen Wuchsform als Kuriosum unter den Kulturpflanzen. Wo und wann sie bei uns erstmals angebaut wurde und wo sie ursprünglich herstammt, ist nicht belegt. Diskutiert wurde ihre Entstehung in Ägypten und Nordamerika, was auch die volkstümlichen Namen – Ägyptische, Amerikanische Zwiebel – belegen. Es handelt sich um eine frostharte, mehrjährige Hybride aus Speise- und Winterheckenzwiebel aus der Familie der Zwiebelgewächse (Alliaceae). Im Frühjahr beginnen die Pflanzen unter der Erde Nester von Erdzwiebeln zu bilden. Diese sind zunächst grün und haben dunkelrote bis violette Streifen. Bei der Reife entwickelt sich eine braune, trockene Zwiebelhaut. Im Laufe des Sommers wachsen an 60 bis 80 Zentimeter langen, hohlen Stängeln Kränze von kleinen, braunen Brutzwiebeln oder Bulbillen von ein bis zwei Zentimetern Durchmesser heran. Der Bildung zwei bis drei solcher Kränze übereinander verdankt die Etagenzwiebel ihren Namen. Die Größe der Kränze nimmt in den oberen Etagen ab. Oft neigt sich die Etagenzwiebel unter dem zunehmenden Gewicht der Stängel zu Boden, wo die Brutzwiebeln selbsttätig wurzeln.

Anbau, Ernte & Vermehrung

Etagenzwiebeln, auch als Luftzwiebeln, Baumzwiebeln oder Kronenzwiebeln bekannt, sind frosthart. Leichte bis mittelschwere, humose Gartenböden in sonniger Lage fördern das Wachstum der Zwiebeln. Sowohl die Erd- als auch die Brutzwiebeln können im Abstand von 20 bis 30 Zentimetern ab März gesteckt werden. Sie liefern Ernten von Juni bis Spätherbst. Eine geschlechtliche Vermehrung ist nicht möglich, da die Pflanze keine Samen ausbildet.

In der Küche

Verwendet werden vor allem die kleinen Erd- und Brutzwiebeln. Sie sind scharf und haben eine hohe Würzkraft. Für den rohen Verzehr sind sie nur bedingt geeignet, sie können jedoch lange gelagert werden und schmecken auch in Essig eingelegt. Im Frühjahr kann man auch die jungen Blätter wie Schnittlauch nutzen.

↑ Bizarr und produktiv auf mehreren Ebenen. Ihre kleinen Zwiebeln
sind rötlich und scharf. Daher ist sie für Liebhaber pikanter Gerichte
eine gute Wahl.

Imposant und kaum bekannt ist →
die Verwandte der Artischocke.
Ein echter Geheimtipp für experimentierfreudige Köche und Gärtner.

64

CARDY

Als Gemüse wird die Cardy bei uns nur selten angebaut. Dafür findet sie zunehmend Liebhaber unter den Ziergärtnern. Sie besticht mit ihren artischockenähnlichen Blüten und den üppigen, silbriggrauen, tief geschlitzten Blätter.

Herkunft & Aussehen

Cardy *(Cynara cardunculus)* – auch bekannt als Wilde Artischocke, Spanische Artischocke, Distelkohl oder Kardone – stammt aus Südeuropa und braucht daher etwas mehr Wärme, als ein durchschnittlicher deutscher Sommer bieten kann. Ab dem 15. Jahrhundert breitete sie sich in Westeuropa aus und war bis ins 19. Jahrhundert eine beliebte Gemüseart.

Anbau, Ernte & Vermehrung

Es empfiehlt sich, die wärmeliebende Cardy ab Anfang April unter Glas vorzuziehen und erst Mitte Mai mit einem Pflanzabstand von einem bis anderthalb Meter an einem sonnigen Platz auszupflanzen. Cardypflanzen benötigen mittelschwere, nährstoffreiche, tiefgründige, humose Böden und eine gute Wasserversorgung. Bis zum Herbst entwickeln sich anderthalb bis zwei Meter hohe Pflanzen. Sortenunterschiede bestehen in Form, Farbe und Bestachelung der Blätter. Cardy enthält wie andere distelähnliche Verwandte aus der Familie der Korbblütler (Asteraceae) den Bitterstoff Cyanin, den man zwei bis vier Wochen vor der Ernte durch Bleichen, das heißt lockeres Zusammenbinden und Umhüllen der Pflanze, entziehen muss. Dieser Vorgang läuft bei kalten Temperaturen langsamer ab. Es gibt inzwischen einige selbstbleichende Sorten. In Deutschland wird Cardy nur ohne Sortenbezeichnung angeboten. Da die Gemüse-Artischocke zweijährig ist, müssen die Pflanzen für die Saatgutgewinnung überwintert werden: An trockenen Standorten kann dies mit leichtem Frostschutz im Freien erfolgen. Auf eher nassen Standorten sollten die im Blattwerk gekürzten Pflanzen in mäßig feuchtem Sand im Keller eingeschlagen werden. Die Wurzeln müssen im Frühjahr wieder eingegraben und bis zur Ausreife der Samen weiterkultiviert werden. Er-fahrungen mit der Überwinterung frostempfindlicher Kulturen sind hilfreich.

In der Küche

Verwertet werden die breiten, fleischigen Blattstiele. Man bereitet sie ähnlich wie Spargel zu: Geschält und in Stücke geschnitten werden die Stiele in Salz-, Essig- oder Zitronenwasser gekocht. Im Geschmack ist das Gemüse leicht bitter, nussig und artischockenähnlich.

Unterirdischer Reichtum für →
Mensch und Tier: Kein Zweifel,
die Diabetiker-Knolle ist eine
ertragreiche Nutzpflanze mit
hohem Energiepotenzial.

TOPINAMBUR

Die aus Lateinamerika stammende Nutzpflanze zeichnet sich durch hohe Erträge aus. Wegen ihrer vielseitigen Nutzung wird sie wirtschaftlich immer interessanter. Auch die Verwendung als nachwachsender Rohstoff wird zunehmend erkannt.

Herkunft & Aussehen

Im Aussehen ähnelt die Topinambur-Pflanze der nah verwandten Sonnenblume. Ihren eigentümlichen Namen verdankt sie dem Indianerstamm der Tupinambas aus Brasilien. Topinambur (*Helianthus tuberosus*) wird auch als Erdartischocke, Jerusalemartischocke oder Erdbirne bezeichnet. Anfang des 17. Jahrhunderts brachten Seefahrer die Pflanze nach Frankreich. Von dort gelangte sie nach Italien und Deutschland. Im 17. und 18. Jahrhundert gab es bei uns ausgedehnte Anbauflächen. Ihr nicht zügelbares Wachstum ließ die Pflanze aber ab der Mitte des 18. Jahrhunderts der Konkurrenz durch die Kartoffel unterliegen. Heute wird Topinambur in einigen Selbstversorgergärten als Gemüse und Viehfutter angebaut. Die verarbeitende Industrie stellt aus den Knollen Sirup, Schnäpse und Appetitzügler her.

Anbau, Ernte & Vermehrung

Die Erdartischocke kommt auch mit mageren Böden gut zurecht. Ihre Knollen sind frosthart und ausdauernd; sie verbleiben bis zur Ernte im Boden. Für die Vermehrung sind keine besonderen Kenntnisse erforderlich. Dank ihrer unterirdischen verdickten Wurzelstöcke, vermehrt sich die Pflanze schnell. Wo Topinambur einmal Wurzeln geschlagen hat, wuchert er üppig! Daher gilt die Art für den Naturschutz als invasiv. In Gärten kann der unerwünschten Ausbreitung durch Ernte der frischen Triebe entgegengewirkt werden, die wie Spargel zubereitet werden können. Die neuen Pflanzen verlieren dann schnell an Kraft. Eine Vermehrung über Saat ist in unserem Klima nicht möglich, da Topinambur bei uns nicht blüht.

In der Küche

Gekochte Topinamburknollen haben einen nussigen, artischockenähnlichen Geschmack. Roh verzehrt erinnern Konsistenz und Geschmack an frische Kokosnuss. Zwischen den Sorten gibt es beträchtliche geschmackliche Unterschiede. Auch Schalenfarbe sowie Größe und Form der Knollen differieren stark. Wegen seines hohen Gehalts an Inulin ist Topinambur sehr wertvoll für Diabetiker. Für manche Menschen sind die Knollen allerdings schwer verdaulich.

SPARGELSALAT

Die Nutzung des Spargelsalates mit seinen verdickten Stängeln und Blättern, sein gutes Gedeihen in unserem Klima und die einfach zu handhabende Saatgutgewinnung sprechen für die Neu- und Wiederentdeckung spannender Sorten.

Herkunft & Aussehen

Spargelsalat *(Lactuca sativa* var. *angustana)* ist eine chinesische Spezialität. Er wird dort seit dem 5. Jahrhundert angebaut und ist noch heute die am häufigsten angebaute Form des Gartensalates in China. Daher stammt auch sein zweiter Name: Chinesischer Stangensalat. Das Ziel der chinesischen Züchtung war es, möglichst dicke, saftige und wenig bittere Stängel zu erhalten. Je nach Sorte erreichen diese heute einen Durchmesser von drei bis fünf Zentimetern. Über die Nutzung in Deutschland gibt es keine verlässlichen Daten. Ab Ende des 19. Jahrhunderts widmet sich in Frankreich die Firma Vilmorin-Andrieux der Züchtung von neuen Sorten, die kurze Zeit auch in alten deutschen Saatgutkatalogen zu finden waren. Heute ist Spargelsalat in Deutschland eine fast gänzlich unbekannte Varietät. Mit dem Verschwinden dieser Kulturform geht auch das Wissen um Entwicklungsgeschichte einzelner Sorten sowie den Besonderheiten bei Anbau und Ernte und ihrer Nutzung verloren. 1942 entstand in den USA eine Spezialität mit dem Namen 'Celtuce', ein Spargelsalat mit leichtem Selleriegeschmack. Der Name setzt sich zusammen aus *celery* und *lettuce*. 'Celtuce' eroberte den europäischen Saatgutmarkt und führte dazu, dass man heute teilweise die gesamte Gruppe der Spargelsalate auch als Celtuce bezeichnet.

Anbau, Ernte & Vermehrung

Spargelsalat gehört zur Familie der Korbblütler (Asteraceae). Er wächst bevorzugt auf nährstoffreichen und lockeren Böden an einem sonnigen Standort. Seine Kultur entspricht der des Kopfsalates, Spargelsalat ist jedoch kälteempfindlicher. Samen können entweder auf der Fensterbank vorgezogen werden, oder sie werden im April direkt ins Beet gesät, Folgesaaten bis in den Juli hinein sind möglich. Nach der Aussaat bildet sich nur für kurze Zeit eine dichte Grundrosette von sortentypischen Blättern: groß, länglich und zugespitzt. Nur wenige Sorten haben abgerundete Blätter. Die ungeteilten, lanzettförmigen Blätter nehmen bald ihr steil nach oben gerichtetes Wachstum auf, die Sprossachsen strecken sich rasch. Im Laufe des Sommers können die einjährigen Pflan-

Ein traditionelles Gemüse der Chinesen. →
Die Sorte 'Roter Stern' zeigt Farbe.
Bei diesem relativ unbekannten Gemüse aus Asien ↓
isst man den Stängel und die jungen Blätter.

zen eine Höhe von bis zu 1,20 Meter erreichen. Die Blätter können wie Pflücksalat behutsam unter Schonung des Herzens beerntet werden. Die Besonderheit dieser Varietät liegt jedoch in der Nutzung der spargelartigen Stängel. Geschnitten wird bereits bei einer Höhe von 30 bis 50 Zentimetern. Zwischen Saat und Ernte des Stängels liegen zehn bis 14 Wochen. Während dieser Zeit muss die Pflanze bei Trockenheit gegossen werden, Frost verträgt sie nicht. Die letzten Pflanzen können daher bei Frosteintritt mit Erdballen ausgehoben und im Keller in Sand eingeschlagen werden. Spargelsalat zählt zu den Selbstbefruchtern, das heißt, man kann mehrere Sorten gleichzeitig vermehren.

Zur Saatgutgewinnung, die auch für Anfänger geeignet ist, werden die besten Pflanzen mit einer späten Blüte und den dicksten und größten Stängeln selektiert und bis zur Fruchtreife weiterkultiviert.

In der Küche

Die eigentliche Spezialität des Spargelsalates sind die verdickten Stängel. Roh, geschält und in feine Scheiben geschnitten oder kurz gedünstet sind sie eine Köstlichkeit für die schnelle Küche. Im Geschmack erinnern sie etwas an Spargel oder Mangold. Wenn die Stängel höher wachsen und Blüten ausbilden, durchziehen Leitbündel gefüllt mit bitterem Milchsaft ihr Inneres und die Stängel werden ungenießbar. Während des Rosettenzustands eignen sich auch die Blätter zum Verzehr – man erntet sie wie Pflücksalat von außen nach innen. Spätestens mit Einsetzen des Dickenwachstums der Stängel werden sie hart, bitter.

↑ Auf den ersten Blick wird der Betrachter kaum erwarten, dass diese süßaromatischen und zarten Wurzeln tatsächlich nach Austern schmecken.

HAFERWURZEL

Die Haferwurzel ist eine kulinarische Offenbarung: Ihre Wurzeln schmecken leicht nach Spargel und Austern, daher auch ihr englischer Name oyster plant. Wirkt Frost ein, schmecken sie leicht süßlich.

Herkunft & Aussehen

Die Haferwurzel *(Tragopogon porrifolius)* ist in Afrika und Südeuropa heimisch. Erst im 16. Jahrhundert fand sie ihren Weg nach Mitteleuropa. Von 1850 bis 1920 wurde sie in Schlesien und Ostpreußen feldmäßig angebaut, später wurde sie von ihren Verwandten, den Schwarzwurzeln, verdrängt. Die vielen volkstümlichen Namen wie Lauchblättriger Bocksbart, Weiß-, Mark- oder Milchwurzel, Austernpflanze oder Habermark bezeugen die einstmals weit verbreitete Nutzung. Die zweijährige, wuchsfreudige Pflanze gehört zu den Korbblütlern (Asteraceae). Ihre lanzettförmigen Blätter wachsen in schmaler Rosette steil nach oben. Die Pfahlwurzel bildet bei einer Länge von 15 bis 30 Zentimetern mit einem Durchmesser von etwa vier Zentimetern meist viele cremefarbene Nebenwurzeln.

Anbau, Vermehrung & Ernte

Haferwurzeln benötigen lockeren, tiefgründigen, sandig-humosen Boden. Aussaaten sind von März bis Mai möglich. Die Pflanzen sollten stets gut mit Wasser versorgt sein, da Trockenheit eine frühe Blüte und das Entstehen holziger Wurzeln zur Folge hat. Zur Saatgutgewinnung werden die Pflanzen im Frühjahr ausgegraben. Dabei ist auf lange, gleichmäßig zugespitzte Wurzeln mit wenigen Nebenwurzeln zu achten. Die ausgelesenen Exemplare werden danach wieder eingegraben und bis zur Ausreife der Samen weiterkultiviert. Die Saat ist nur zwei bis vier Jahre keimfähig. Als relativ frostharte Art kann die Haferwurzel bis zur Verwendung im Boden bleiben. Die Ernte der Wurzeln sollte nicht vor Oktober erfolgen und kann den ganzen Winter über andauern.

In der Küche

Ein Schälen der Wurzeln ist nicht erforderlich. Es genügt, sie unter Wasser gründlich zu bürsten und von Nebenwurzeln zu befreien. Um ein Bräunen durch den Milchsaft zu verhindern, sollten die Wurzeln bis zur Verwendung in Essigwasser gelegt werden. Sie schmecken als Gemüse oder Suppe, mariniert, frittiert oder gekocht. Die Blätter der Haferwurzel lassen sich als Salat oder Spinat zubereiten und auch die hübschen purpurnen Blüten sind essbar.

BAUMSPINAT

Baumspinat kann gleichermaßen Nutzpflanze und Zierde eines Gartens sein, zum Beispiel im Blumenbeet mit violett blühenden Arten kombiniert. Zu Unrecht wird er manchmal als Unkraut angesehen.

Herkunft & Aussehen

Der wärmeliebende Baumspinat aus der Familie der Gänsefußgewächse (Chenopodiaceae) hat seine Heimat in Nepal, Nordindien und Szechuan. Von dort gelangte er in alle gemäßigten Zonen. In Europa wurde er zunächst in Italien und anderen Mittelmeerländern geschätzt. In Mitteleuropa ist Baumspinat *(Chenopodium giganteum)* nur wenig bekannt.

Innerhalb eines Jahres entwickelt er sich zu einem stattlichen Bäumchen von zwei bis vier Metern Höhe mit kräftigem Stamm und vielen Seitenästen – daher auch die Namen Riesenmelde und -gänsefuß. Die magentafarbene Blattspreite hat der bei uns angebotenen Sorte den Namen 'Magentaspreen' verliehen.

Anbau, Vermehrung & Ernte

Die Kultur der einjährigen, krautigen Pflanze ist unkompliziert. Für das Erreichen großer Exemplare sind nährstoffreiche, sonnige Standorte nötig; an mageren Standorten in schattiger Lage bleibt der Baumspinat kleiner und seine purpurnen Blattspreiten entwickeln weniger Leuchtkraft.

Baumspinat ist eine Pflanze für den Selbstversorger, da die Blätter nicht gut gelagert werden können. Die Pflanzen sind bis zum Frost nutzbar. Für die Ernte können ganze Jungpflanzen – 20 bis 30 Zentimeter hoch – geschnitten, einzelne Blätter gepflückt oder aber Seitenäste entnommen und abgestreift werden. Ab Ende August setzt die weiße, unscheinbare Blüte ein und die Pflanze verliert allmählich ihre Zweifarbigkeit. Die schwarzgrauen Samen reifen ab Mitte Oktober in großen Mengen heran und säen sich leicht selber aus. Sie keimen ab einer Bodentemperatur von 18 °C.

In der Küche

Die Blätter des Baumspinats eignen sich gekocht oder gedünstet für Spinat-Rezepte, Rohkostsalate oder als Dekoration. Die Farbe der Blattspreiten ist wasserlöslich, daher wird der daraus zubereitete Spinat grün. Das purpurne Blanchierwasser kann der Soße eine interessante Färbung verleihen. Auch die Samen sind nutzbar: Sie können geröstet oder zu Mehl vermahlen werden.

← Schon drei Pflanzen liefern genug milden Spinat für einen Haushalt. Lässt man sie für die Saatgewinnung stehen, erreichen sie erstaunliche Höhen.

↑ Bei dieser Variante des Amaranths, die hierzulande kaum mehr
angebaut wird, nutzt der Gärtner die feinen schmackhaften Blätter.

ROTER MEIER, GEMÜSE-AMARANTH

Der Rote Meier aus der sortenreichen Familie der Fuchsschwanzgewächse schmückt mit seinen leuchtend violett-roten Blättern den Gemüsegarten und bringt als Spinat Abwechslung in die Küche.

Herkunft & Aussehen

Roter Meier, auch Küchen-Amaranth, Gemüse-Amaranth, Chinesischer Spinat oder Blutkraut genannt, gehört zu den Fuchsschwanzgewächsen (Amaranthaceae). Züchterisch ist er *(Amaranthus lividus* convar. *lividus)* aus der Wildform *Amaranthus lividus* hervorgegangen. Um zu einer Kulturform zu gelangen, wurden alle Organe auf Größe selektiert. Die Grenzen sind jedoch fließend und richtige Sorten sind nicht entstanden. Früher soll der Rote Meier in Mittel- und Südeuropa häufiger kultiviert worden sein, heute begegnet man ihm gelegentlich noch in Botanischen Gärten. Hobbygärtnern ist er fast gänzlich unbekannt.

Anbau, Vermehrung & Ernte

Zur vollen Größe entwickelt sich die Pflanze, wenn sie auf humosem Gartenboden in sonniger, trockener Lage wächst. Sie kann dann bis zu einem Meter Höhe erreichen. Gesät wird ab Ende April. Als Abstand zwischen den Pflanzen sollten 40 bis 50 Zentimeter gewählt werden, denn sie wachsen direkt über dem Boden buschig heran. Geerntet werden sowohl einzelne Blätter wie auch junge Triebe, die den ganzen Sommer über gepflückt werden können. Die heranreifenden Samen können am Ende der Saison geerntet werden. Die Saatgutgewinnung bereitet keine Probleme. Die Pflanze wird so lange kultiviert, bis die Körner schwarz und glänzend sind. Dies geschieht gegen Ende der Vegetationsperiode der einjährigen Art. Die Pflanze sät sich leicht aus und ist in den Folgejahren immer wieder im Garten zu finden.

In der Küche

Im Vordergrund dieser Blattamaranth-Art steht, im Gegensatz zu ihren körnigen Verwandten, die Nutzung der Blätter. Sie ergeben einen milden, rötlich braun gefärbten Spinat und schmücken jede Rohkost. Sie erinnern an Spinat, sind aber weicher, weniger saftig und milder im Geschmack. Auch die zahlreichen kleinen, schwarzen, glänzenden Körner sind nutzbar: Experimentierfreudige Köche versuchen, sie als Popp-Amaranth zu nutzen. Dazu die Körner ohne Fett in einen heißen Topf oder eine Pfanne mit Glasdeckel geben, öfters schütteln, anschließend zuckern oder salzen.

SÜSSDOLDE

Eine Verwertung der Süßdolden-Wurzeln und -Blätter in der Küche hatte früher wie heute nur wenig Bedeutung. Doch gerade die Vielfachnutzung weckt zunehmend das Interesse von Gartenliebhabern, die das Aroma von Lakritze und Anis schätzen.

Herkunft & Aussehen

Die Süßdolde *(Myrrhis odorata)* wird seit vielen Jahrhunderten vor allem in Bauern- und Klostergärten als Gewürz-, Gemüse- und Arzneipflanze angebaut. Als Wildpflanze kommt sie in einzelnen Landstrichen West-, Mittel- und Südeuropas vor. In skandinavischen Ländern ist sie in Kultur und im Speiseplan der Bevölkerung verankert.

Ihrem Gehalt an ätherischen Ölen verdankt sie den Duft nach Anis, Fenchel und Lakritz. Aufgrund dieses Aromas und ihrer Blattform ist sie auch unter den Namen Wohlriechender Kerbel, Myrrhenkerbel, Aniskerbel, Wilder Anis, Ewiger Kerbel und Spanischer Kerbel zu finden.

Die Süßdolde ist eine farnartig anmutende Staude mit grazilem Wuchs. Als ausdauernde Pflanze ist sie besonders attraktiv für Permakulturgärten. Die weißen Doldenblüten blühen mit üppigem Duft vom späten Frühjahr bis in den Juni. Der Nektar lockt Schmetterlinge, Hummeln und Bienen an.

Alles an ihr schmeckt lecker: Blatt, Wurzel und Blüte. Für experimentierfreudige Köche eröffnet die Süßdolde ganz neue Geschmackswelten. Außerdem passt die dekorative Pflanze auch gut in Blumengärten.

Anbau, Vermehrung & Ernte

Beste Standortbedingungen findet die frostharte Art im Halbschatten auf sandig-humosem Boden. Im Laufe der Jahre reift sie zu einer stattlichen, bis anderthalb Meter hohen Staude heran. Die Süßdolde ist ein Frostkeimer: Um zu keimen, brauchen ihre Samen eine Frosteinwirkung. Die Aussaat der Süßdolde erfolgt deshalb im Herbst oder im sehr zeitigen Frühjahr. Die Saat geht oft erst nach mehreren Monaten auf: Herbstsaaten keimen meist im Frühjahr, Frühjahrssaaten oft erst im nächsten Jahr, also nach fast einem Jahr. Daher ist es ratsam, ein Saatkistchen im Schatten aufzustellen, gleichmäßig feucht zu halten, um dabei jederzeit Feuchte und Keimergebnis kontrollieren zu können – sicherlich nur etwas für Geduldige. Die Frosteinwirkung auf die Samen kann man auch im Gefrierfach vornehmen. So lässt sich auf einfach Weise die Keimung beschleunigen. Für eine Vermehrung aus eigener Saat muss der Samen dunkelbraun und glänzend sein. Er ist nur ein bis zwei Jahre keimfähig.

Auch eine Vermehrung durch Teilung der Staude im Herbst oder eine Abtrennung von Wurzelschösslingen mit Pflanzung im Abstand von 50 Zentimetern im Frühjahr ist möglich. Dazu benötigt man zunächst eine Mutterpflanze.

Für die Verwendung in der Küche werden nur die jungen, unverholzten Wurzeln am Rande des Wurzelstocks oder die Wurzeln einjähriger Pflanzen im Herbst ausgegraben. Die Blätter müssen für eine kulinarische Verwendung ebenfalls noch jung und zart sein – zu empfehlen ist der Erstaustrieb im März. Die Ernte der noch grünen Samen beginnt etwa ab Juni.

In der Küche

Das Aroma der Süßdolde – Blätter, Wurzeln und Samen – bietet Spielraum für eine kreative Küche. Die kerbelähnlichen, filigranen, filzig behaarten, nach Anis duftenden Blätter können roh oder gekocht verzehrt werden. Mit ihnen werden Marmeladen und Fruchtkompott sowie Müsli und Getränke aromatisiert. Die fleischigen Wurzeln lassen sich als Gemüse zubereiten. Allerdings eignen sich dafür nur junge, unverholzte Wurzeln einjähriger Pflanzen oder Wurzeln vom Rand des Wurzelstocks. Neben den Wurzeln und Blättern werden auch die Samen in der Küche verwendet: Im halb reifen Zustand sind sie besonders süß und entfalten ein lakritzartiges Aroma. Sie geben süßsauren Obst-, Gemüse- und Fleischgerichten eine exotische Note und können als Ersatz für Anis zum Backen verwendet werden. Die reifen Samen der Süßdolde sind dunkelbraun, glänzend und schlank wie die des verwandten Gartenkerbels, jedoch viel größer.

ZUCKERWURZEL

Die weißen, fingerdicken, mineralstoffreichen Wurzeln haben einen Gehalt von vier bis acht Prozent Zucker, was die Zuckerwurzel in Form von Sirup zu einem begehrten Süßungsmittel machte – bis sie von der Zuckerrübe verdrängt wurde.

Herkunft & Aussehen

Die Zuckerwurzel *(Sium sisarum)* ist eine anspruchslose, winterharte Staude aus der Familie der Doldenblütler (Apiaceae). Seit dem Mittelalter wird die aus Asien stammende Pflanze in Europa kultiviert, auch bekannt als Klingelrüblein, Gierlein, Gritzelmöhre, Wassermerk oder Zuckermöhre. Im 18. Jahrhundert gab es in Südwestdeutschland ausgedehnte Zuckerwurzelfelder. Züchtungsfortschritte bei Kartoffeln und Zuckerrüben haben jedoch den Anbau in ganz Europa zurückgedrängt. In den letzten Jahren begannen erste kommerzielle Züchtungsarbeiten mit dem Ziel, die Wurzeln durch Selektion von ihrem holzigen Zentralzylinder zu befreien.

Anbau, Vermehrung & Ernte

Vor der Kultivierung muss der Boden tiefgründig gelockert werden. Nur so können sich die Pflanzen mit ihrem Büschel aus 15 bis 20 fleischigen Nebenwurzeln optimal entfalten. Feste, lehmige oder tonhaltige Böden sind ungeeignet für die Kultur. Da sich bei Trockenheit der holzige Zentralzylinder noch vergrößert, ist immer auf eine gute Wasserversorgung zu achten. An dem verzweigten, bis 1,20 Meter hohen Stängel bilden sich weiße Blütendolden, die Insekten anlocken. Ernten sind von Herbst bis Frühjahr möglich: Wurzeln behutsam ausgraben, sie brechen leicht! Eine Vermehrung erfolgt über Teilung oder Samen: Sie reifen ab August heran und werden am besten von August bis Oktober ausgesät. Eine Lagerung der Samen ist nur wenige Monate empfehlenswert (gut getrocknet, bei −15 °C). Die Oktobersaat keimt meist im zeitigen Frühjahr. Wie bei ihren Verwandten, Petersilie und Möhre, keimen die Samen nur langsam und ungleichmäßig.

In der Küche

Das delikate und süße Wintergemüse, das im Geschmack am ehesten Schwarzwurzeln ähnelt, wird wie Möhren kurz gegart oder gedünstet. Ihre mehlige Konsistenz macht sie zur ersten Wahl für Pürees und Cremesuppen. Besonders geeignet sind sie für die Ernährung von Babys. Ein Schälen der Wurzeln ist nicht erforderlich; der holzige Mittelstrang sollte vor oder nach dem Kochen entfernt werden.

← Die anspruchslose Staude, die zur Familie der Doldengewächse gehört, ist ein süßes Wunder. Als ein ertragreiches Herbst- und Wintergemüse bringt sie Abwechslung in den Speiseplan.

MOSCHUSKÜRBIS

In Deutschland werden vor allem Riesenkürbisse und Gartenkürbisse genutzt, während Moschuskürbisse bis vor einigen Jahren zu den Exoten zählten. Den Namen verdankt die Art ihrem leichten, zarten Moschusduft.

Herkunft & Aussehen

Die einjährigen Moschuskürbisse *(Cucurbita moschata)* sind in Zentralamerika beheimatet und werden heute weltweit angebaut. Die Pflanzenranken erreichen Längen von bis zu sechs Metern. Charakteristisch für diese Art aus der Familie der Kürbisgewächse *(Cucurbitaceae)* ist der kantig-gefurchte Stiel, der sich am Fruchtansatz stempelartig erweitert. Dabei handelt es sich um ein wichtiges Kriterium, um sortenrein vermehren zu können.

Moschuskürbisse kommen in großer Formen- und Farbenvielfalt vor. Viele Sorten färben sich im Herbst braun-violett. Die Früchte einiger Sorten sind mit einer dünnen Wachsschicht überzogen, die wie ein feiner, grauer Belag wirkt. Zu ihnen zählen die alten, französischen Sorten 'Muscade de Provence' mit ihren grünen, später hellbraun-bronzefarbenen, gerippten Früchten, die bis zu acht Kilogramm schwer werden, und der kleine 'Futsu Black Rinded' mit einem Gewicht bis anderthalb Kilogramm. Sorten der birnenförmigen 'Butternut'-Gruppe, beispielsweise 'Butternut Waltham', stammen aus den USA und Südafrika.

Anbau, Vermehrung & Ernte

Moschuskürbisse sind einfach zu kultivieren: Sie benötigen einen nahrhaften, gut durchlässigen Boden, viel Wärme und ausreichend Feuchtigkeit.

Sie zählen zu den Fremdbefruchtern – vor allem Hummeln tragen die Pollen weiter –, daher sollten verschiedene Sorten dieser Art nicht im gleichen Jahr vermehrt werden.

Geerntet wird, wenn die Stiele verholzen. Dies kann bei Sorten mit großen und schweren Früchten bis zu fünf Monate lang dauern. Wegen dieses späten Erntetermins zählen die meisten Sorten zu den Winterkürbissen.

In der Küche

Moschuskürbisse zeichnen sich durch ihren delikaten, leicht süßlichen und nussartigen Geschmack aus. Die Konsistenz des gelb-orangefarbenen Fruchtfleisches ist cremig-zart; die Schale wird beim Kochen weich. Moschuskürbisse eignen sich vorzüglich für die schnelle Küche: als Einzel- oder Mischgemüse, als Suppe oder im Ofen gegart.

↑ Drei Vertreter des Moschuskürbisses: der birnenförmige
'Butternut Waltham', der kleine 'Futsu Black Rinded' und der
große 'Muscade de Provence'

↑ Niederrheinische Spezialität: ausdauernd und wüchsig.
Eine würzige Beigabe für viele Speisen. Ewiger Kohl ähnelt der
ursprünglichen Form des Wildkohls.

EWIGER KOHL

Ewiger Kohl, auch Stauden- oder Gartenstrauchkohl genannt, erfreut jeden Kohl-liebhaber: Er liefert bereits im zeitigen Frühjahr, wenn keine anderen Kohlsorten reif sind, frische grüne Blätter für Kochtopf oder Salatschüssel.

Herkunft & Aussehen

Ewiger Kohl (*Brassica oleracea* convar. *acephala* var. *ramosa*) ist eine regionale Spezialität vom Niederrhein und den angrenzenden Regionen der Niederlande und Belgiens, die mehr und mehr in Vergessenheit gerät. In seiner Wuchsform ähnelt er stark den atlantischen Wildkohlen, vorausgesetzt man lässt ihn ungestört wachsen. Wird er ständig beerntet, trägt er kleinere Blätter und zahlreiche dünne Triebe. Eine züchterische Bearbeitung hat niemals stattgefunden; die Pflanzen wurden immer von Hand zu Hand weitergegeben.

Anbau, Vermehrung & Ernte

Die anspruchslose Pflanze aus der Familie der Kreuzblütler (Brassicaceae) kann dank ihrer Frosthärte an einem nährstoffhaltigen, feuchten Standort auch problemlos einige Zeit ohne Pflege überleben.
Sie eignet sich gut für Haus- und Kleingärten und bereichert auch jeden Permakulturgarten. Probleme können nur die vielen Kohlschädlinge bereiten, die mit den Menschen um die Ernte wetteifern. Ewiger Kohl wächst strauchartig. Aus älteren Trieben entwickeln sich mit der Zeit dicke Strünke, die sich weiter verzweigen. Einzelne Pflanzen können bis zu einem Meter hoch werden. Nach vier bis fünf Jahren sollten sie auf 30 Zentimeter eingekürzt werden. Außerdem bildet die Pflanze unterirdische Ausläufer. Sie kann innerhalb weniger Jahre einige Quadratmeter Platz für sich behaupten.

Ewiger Kohl blüht nie und bildet daher auch keine Samen aus. Die Vermehrung erfolgt ausschließlich über Stecklinge im Frühjahr oder Teilung des Bestandes im Herbst. Die aus Stecklingen gezogenen Pflanzen werden ab Mitte Mai ins Beet gepflanzt.
Im ersten Jahr lässt man sie ungestört wachsen, ab dem darauffolgenden Frühjahr können einzelne grüne Blätter und Triebe von Frühjahr bis Herbst geerntet werden – sie wachsen immer wieder nach. Daher wird die Art auch als Pflückkohl bezeichnet.

In der Küche

Ewiger Kohl wird – wie Spitzkohl oder Wirsing – als Gemüse verwendet oder Eintöpfen und Suppen beigemischt. Er kann auch roh als Salat zubereitet werden.

BUTTERKOHL

Manche Butterkohl-Sorten ähneln eher Schnittformen und entwickeln ausladende Rosetten wirsingähnlicher Blätter und nur kleine Köpfe. Unter dem Namen Butterkohl werden mitunter auch frühe Sorten des Spitzkohles angeboten.

Herkunft & Aussehen

Butterkohl (*Brassica oleracea* var. *sabauda*) gehört wie alle Kohlarten zu den Kreuzblütlern (Brassicaceae). Dank seines zarten Blattwerks war Butterkohl in Mitteldeutschland, besonders in Thüringen, sehr beliebt. In Erfurt wurde er bis vor wenigen Jahren noch auf dem Wochenmarkt angeboten. 2005 verlor die letzte Sorte ihre Zulassung und seitdem obliegt es den Gärtnern und Gemüsebauern, von den verbliebenen Sorten eigene Saat zu gewinnen.

Anbau, Vermehrung & Ernte

Die Kultur des Butterkohls ähnelt der des Wirsings. Allerdings ist er etwas empfindlicher gegenüber Kälte. Eine Voranzucht der Pflanzen im März/April ermöglicht frühe Ernten. Im Spätsommer können Zweitsaaten erfolgen. Die schnellwüchsige Pflanze braucht einen sonnigen bis halbschattigen Standort und eine gute Nährstoff- und Wasserversorgung. Gut geeignet ist ein Platz auf einem Hoch- oder Hügelbeet. Zu Erntebeginn schneidet man nach und nach die Blätter wie Pflücksalat und zum Schluss dann die zarten hellen Köpfe aus der Mitte. Die Saatgutgewinnung beim Butterkohl erfordert Erfahrung. Die Pflanzen blühen und fruchten im zweiten Jahr. Sie müssen daher unbeschadet überwintern: Am zweckmäßigsten schlägt man die ganzen Pflanzen in Sand in einem kühlen Keller ein (auf Fäulnis und Pilzkrankheiten achten). Überwinterte Pflanzen werden im Frühjahr erneut eingegraben und entwickeln sich dann zu stattlichen Samenträgern, die im Frühsommer abreifen. Butterkohl gehört zu den Fremdbefruchtern: Mindestens zehn Pflanzen sollten gemeinsam abblühen, um Inzucht zu vermeiden.

In der Küche

Von der zarten Konsistenz der Blätter leitet sich der Name Butterkohl ab: Ihr Geschmack ist sehr mild, der Senfölgehalt niedrig.
Der Butterkohl wird in Viertel oder Streifen geschnitten, in Salzwasser gekocht oder gedünstet und mit Wein verfeinert. Die Blätter können als Gemüse zubereitet werden oder geben Suppen und Eintöpfen einen delikaten Geschmack.

↑ Ein Vorfahr unserer Wirsingsorten. Man kann sowohl den
Kopf als Ganzes oder die Blätter einzeln ernten.

Wie gedrechselt sehen sie aus! Die nahrhaften, kleinen Knollen →
sind etwas Besonderes. Als Rohkost oder als gedünstete Beigabe
sind sie im Herbst ein Genuss.

KNOLLENZIEST

Knollenziest ist ein typisches Wintergemüse, das unseren Großmüttern unter dem Namen Stachys bekannt war. Aufgrund seines Geschmackes und seiner Herkunft wird Knollenziest auch als Japanische Kartoffel oder Artischocke bezeichnet.

Herkunft & Aussehen

Knollenziest *(Stachys sieboldii)* stammt aus dem ostasiatischen Raum, wo er auch heute noch angebaut wird. In einigen nordchinesischen Provinzen kommt er sogar wild vor.

Ende des 19. Jahrhunderts entdeckte ein französischer Agronom die Gemüseart in Japan. Nach seiner Rückkehr nach Crosne bei Paris, kultivierte er es dort unter dem Namen „Crosne du Japon".

Die Ziestknollen werden in ihrer Heimat mit Jadeperlen an einer Schnur verglichen. Hierzulande schwankt man zwischen dem Vergleich mit dem Rosenkranz und dem von Engerlingen oder Raupen. Manch einer fühlt sich auch an das kleine, dicke Michelin-Männchen erinnert.

Die perlmutweißen Knöllchen der buschigen, etwa 30 bis 45 Zentimeter hohen Staude bilden sich an den Spitzen der zahlreichen Wurzeln. Dabei schwellen jeweils die Abschnitte zwischen den Knoten (sogenannte Internodien) der fleischigen Wurzelspitzen auf bis zu sechs Zentimer an, während an den Knoten Einschnürungen entstehen.

Anbau, Vermehrung & Ernte

Knollenziest gehört zur Familie der Lippenblütler (Lamiaceae). Er eignet sich für den Anbau auf nährstoffreichen und feuchten Böden. An Größe gewinnen die Knollen vor allem während der kurzen Tage im Herbst. Geerntet wird ab November, wenn das Laub abgestorben ist. Ziestknollen sind nicht lange haltbar, sie bräunen und schrumpfen an der Luft. Daher verbleiben die frostharten Knollen im Boden und werden nur bei Bedarf ausgegraben. Die Knollen vermehren sich ausgezeichnet von selbst und im Boden verbliebene Stücke treiben im nächsten Jahr wieder aus.

In der Küche

Die dünnschaligen Knollen müssen vor dem Verzehr nicht geschält werden. Geraspelt schmecken sie saftig-knackig und leicht nussig – gut für Rohkost-Salate. Gekocht erinnert ihr Geschmack an Artischocke oder Blumenkohl. Sie werden als Gemüsebeilage, in chinesischen Pfannengerichten, gedünstet wie Spargel oder eingelegt in Weinessig geschätzt. Ihr Nährwert ist mit dem der Kartoffel vergleichbar.

↑ Trotz seiner Widerstandsfähigkeit steht der Wildling auf der
Roten Liste der bedrohten Arten. In früheren Zeiten verwendete
man ihn auch als Heilkraut.

GUTER HEINRICH

Der Gute Heinrich ist eines der ersten Gemüse des Jahres. Seine mehlartig bestäubten Blätter trugen ihm im Volksmund den Namen Mehlspinat ein. Im Lauf des Jahres entwickelt sich ihre Form zu großen, gänsefußartigen Dreiecken.

Herkunft & Aussehen

Die robuste Gemüse- und Heilpflanze ist in Europa seit dem Altertum bekannt. Als Kulturfolger hat sie sich über Mittel- und Nordeuropa bis Sibirien sowie in Nordamerika verbreitet. Guter Heinrich *(Chenopodium bonus-henricus)* hat vielfältige Namen: Heiner, Mehlkraut, Gemeiner Gänsefuß, Heilblatt, Wilder Spinat, Hirtenspinat. Früher wuchs er wild am Rande von menschlichen Siedlungen und gehörte zu den Nutzpflanzen unserer Gärten, aus denen er zunehmend vom Spinat verdrängt wurde. Heute steht Guter Heinrich auf der Roten Liste.

Anbau, Vermehrung & Ernte

Die mehrjährige 60 bis 80 cm hohe Pflanze gedeiht wild auf Weiden, in der Nähe von Misthaufen oder auf Schuttplätzen. Der Gute Heinrich liebt nährstoffreiche, feuchte Böden. Die Staude gedeiht in voller Sonne wie auch im Schatten.

Direktsaaten sind ab April/Mai oder von August bis Anfang Oktober möglich. Die Pflanzen werden im Laufe der Jahre recht groß; sie benötigen daher einen Pflanzabstand von mindestens 40 × 60 Zentimetern. Die Vermehrung ist über Samen und Teilung des Stockes möglich. Sorten existieren nicht, nur gelegentlich wird Saat im Handel angeboten. Die Blätter können bis zum Beginn der Blüte gepflückt werden, später werden sie ledrig und bitter. Die fingerdicken Triebe können vor der Spargelsaison ab Anfang April geerntet werden, nachdem sie zuvor durch Anhäufeln gebleicht wurden. Das Bleichen kann auch erfolgen, indem die ganze Pflanze mit einem Eimer abgedeckt wird.

In der Küche

Sowohl Blätter, Jungtriebe, Blütenstände und Samen können genutzt werden: Junge Blätter sind reich an Chlorophyll, Mineralstoffen, Eisen und Provitamin A. Sie werden ähnlich wie Spinat zubereitet, können aber auch Suppen, Quiches oder Salat beigegeben werden. Auch die unscheinbaren Blütenrispen eignen sich für Salat. Gerne werden sie auch in Butter gedünstet oder wie Broccoli gekocht. Die jungen Triebe werden wie Spargel verwendet. Sogar die Samen wurden früher geröstet und ins Brot gebacken oder als Grütze gekocht.

Der Neuseeländer Spinat → stammt ursprünglich von den Küsten Neuseelands, Australiens und Tasmaniens. Die dreiecki-gen Blätter können bis zum Frost geerntet werden.

NEUSEELÄNDER SPINAT

Im 18. Jahrhundert brachte der Naturwissenschaftler Sir Joseph Banks die ersten Samen mit nach England. Seitdem hat sich der Neuseeländer Spinat in ganz Europa verbreitet. In England wird er bis heute erwerbsmäßig angebaut.

Herkunft & Aussehen

In seiner Heimat Neuseeland ist der Neuseeländer Spinat *(Tetragonia tetragonioides)* mehrjährig, bei uns wird er jedoch wegen seiner Frostempfindlichkeit nur einjährig gezogen. Wie die meisten Mittagsblumengewächse (Aizoaceaea) hat er sukkulente, dickfleischige Blätter. Er wächst mit niederliegenden oder halb aufrechten Sprossen, die bis zu 50 Zentimetern hoch werden. Die Triebe erreichen eine Länge von 1,20 Meter und bilden unscheinbare gelbe Blüten in den Blattachseln. Die großen, hartschaligen Kapseln haben vier Spitzen, die je einen Samen beherbergen – daher wird er auch Vierhorn oder Viereckfrucht genannt. Bei uns wird Neuseeländer Spinat, auch bekannt als Sommerspinat, nur in Haus- und Kleingärten kultiviert.

Anbau, Vermehrung & Ernte

Neuseeländer Spinat ist frostempfindlich und erfriert bereits bei 0 °C. Aufgrund seiner langen Keimdauer (bis vier Wochen) ist eine Voranzucht ab Ende März sinnvoll. Vor der Aussaat werden die Samen über Nacht lauwarm eingeweicht. Nach dem Auspflanzen der Setzlinge im Mai an einen warmen, nährstoffreichen, humushaltigen Platz im Garten, bilden die Pflanzen rasch lange Triebe (bis zu 1,5 m²). Durch Schnitt und Ernte werden sie kompakter und genügsamer im Platz. Für ihr üppiges Wachstum benötigen sie eine ausreichende Wasser- und Nährstoffversorgung. Die samentragenden Kapseln fallen oft schon im halbreifen Zustand ab. Sie sollten aufgesammelt und nachgetrocknet werden.

Die dreieckigen, fleischigen Blätter und Triebe können von Juli bis zum Frost geerntet werden, auch wenn die Pflanze schon blüht.

In der Küche

Das Blattgemüse wird wie Spinat verwendet. Auch junge Triebe kann man nutzen. Beides lässt sich auch gut roh als Salat zubereiten. Außerdem eignet sich Neuseeländer Spinat zur Vorratshaltung; Blätter und gehackte Triebe können blanchiert und tiefgefroren werden. Der Geschmack der nahrhaften Blätter ist mild und feiner als der des bekannteren Spinats; sie enthalten Kalzium, Eisen und Vitamin C.

EISKRAUT

Ihr charakteristisches, wie von einer Eisschicht überzogenes Aussehen erhält die Pflanze von wassergefüllten, im Licht glänzenden Drüsen in der Blattaußenhaut. Dieser Eigenart verdankt sie ihre deutschen Namen: Eispflanze, Kristallkraut.

Herkunft & Aussehen

Ursprünglich in Südafrika beheimatet, kommt das wärmeliebende Eiskraut *(Mesembryanthemum crystallinum)* heute verwildert in den trockenwarmen Regionen des Mittelmeerraums, der Kanarischen Inseln, der Azoren und Madeiras vor. Früher wurde die Pflanze technisch zur Sodagewinnung (Natriumkarbonat) genutzt und daher teilweise auch als Sodapflanze bezeichnet. Eiskraut wächst verzweigt und bildet kriechende Bestände mit fleischigen Blättern. Die unscheinbaren Blüten erscheinen ab September. Sie öffnen sich, wie ihre verwandten Zierarten, nur während der Mittagszeit – was für die Familie der Mittagsblumengewächse (Aizoaceae) namensgebend war. Aus der vielstrahligen Blüte entsteht eine Kapsel, in der schwarze Samen heranreifen.

Anbau, Vermehrung & Ernte

Eiskraut ist frostempfindlich und wird deshalb bei uns nur einjährig kultiviert. Im Topf oder Kübel ist jedoch eine mehrjährige Haltung möglich. Eine Voranzucht ab März oder eine Kultivierung unter Glas verlängert den Erntezeitraum. Der Anbau an sonnigen Standorten ist unkompliziert und entspricht dem des Neuseeländer Spinats. Durch die bemerkenswerte Fähigkeit, Salze nach Bedarf aufzunehmen und wieder abzugeben, gedeiht das Eiskraut auch auf extrem salzigen Standorten wie Salzsümpfen oder Fels- und Sandstränden.

Die Saatgutgewinnung ist auch für Anfänger geeignet. Um einen frühen Blütenansatz zu erreichen, ist es ratsam, einige Pflanzen nicht zu beernten. Die Samenbildung setzt relativ spät ein, sodass sie bei Frühfrösten misslingen kann. Daher empfiehlt es sich, einige Pflanzen zur Sicherheit im Topf zu halten und bis zur Saatgutreife im Haus weiter zu kultivieren.

Die Blätter werden – bei Voranzucht im März – ab Juli bis zum Frost einzeln von der Pflanze geerntet.

In der Küche

Eiskrautblätter und junge Triebe eignen sich über die Sommermonate als raffinierte Zutat in Blattsalaten und gedünsteten Gerichten. Die fleischigen, knackigen Blätter schmecken durch die winzigen Salzkristalle leicht säuerlich und würzig-pikant.

↑ In Südeuropa wird Eiskraut als Blattgemüse angebaut
und ist in der französischen Feinschmeckerküche unter dem
Namen *Ficoide glaciale* bekannt.

BOHNEN

Der Eiweißreichtum der Bohnen und ihr Gehalt an Kohlenhydraten in Form von Stärke machen die Hülsenfrüchte zu einem Grundnahrungsmittel und wertvollen Fleischersatz. Getrocknet sind sie sehr lange lagerfähig.

Der Ursprung der Bohnen

Die Urform der Gartenbohne *(Phaseolus vulgaris)* stammt aus Südamerika, wo sie von der indianischen Bevölkerung schon seit Jahrtausenden für die Ernährung kultiviert wurde. Heute ist Mexiko das Mekka der Vielfalt dieser wichtigen Hülsenfrucht (Familie Leguminosae). Dort kommen Kultur- und Landsorten neben verwilderten und wilden Formen vor. Im 16. Jahrhundert brachten spanische Entdecker die Bohne nach Europa, wo die verschiedenen Sorten schnell Eingang in die Gärten fanden und bereits im 16. Jahrhundert die heimische Ackerbohne *(Vicia faba)*, auch Dicke Bohne oder Saubohne genannt, zunehmend verdrängten.

Bohne ist nicht gleich Bohne

Die Gartenbohnen lassen sich anhand ihrer Wuchsform in zwei Varietäten unterteilen: Die Stangenbohne *(Phaseolus vulgaris* var. *vulgaris)* und die Buschbohne *(Phaseolus vulgaris* var. *nanus)*. Stangenbohnen wachsen windend und können Höhen von drei bis vier Metern erreichen. Sie sind aufwendiger im Anbau, weil sie an Stangen oder Drähte hochgeleitet werden müssen, bringen dafür aber höhere Erträge und lassen sich über einen längeren Zeitraum beernten. Buschbohnen wachsen nicht windend und brauchen mit Wuchshöhen bis zu 50 Zentimetern keine Kletterhilfe. Bohnen werden unterteilt in Sorten, bei denen die Hülsen als Ganzes gepflückt werden, wobei Sorten mit und ohne Faden vorkommen, und Trockenbohnen, bei denen die aus der Hülse entfernten und getrockneten Samen verwendet werden.

Die Vielfalt der Bohnen

Es gibt unzählige Haus- und Regionalsorten, bei denen die fleischigen Hülsen und reifen Körner variabel in Form, Farbe und Konsistenz sind. Bei den neueren Züchtungen sind die Hülsen zart, gelb oder grün und überwiegend fadenlos, was die Verbraucher wegen der einfacheren Zubereitung vorziehen. Die 'Ostfriesische Speckbohne' ist ein Beispiel für eine heute noch angebaute und vermarktete Bohnensorte mit Faden. Sie

4137 wahrsingsfeh
4130 DSV
4129 Wybelsum
4128 Marx
4121 e Witte
4120 Rastrupweel
4119 Delara
4118 Neudorf
4117 Winkelsen Logabirum

Zusammenstellung regionaler Bohnensorten

Die blauen Hülsen der 'Purple TeePee'

wird bevorzugt für das ostfriesische Nationalgericht „Updrögt Bohnen" verwendet. Eine etwa hundert Jahre alte Bohnensorte ohne Faden ist die 'Türkische Erbse', die es als Busch- und als Stangenbohne gibt. Sie heißt dann 'Zuckerperl-Perfektion' bzw. 'Zuckerperl-Prinzess'. Die Sorte wird typischerweise für das norddeutsche Rezept Birnen, Bohnen und Speck verwendet. Bohnensamen können nierenförmig, oval oder rund sein. Die Farbpalette reicht von Beige über Rosa, Gelb, Rot, Braun und Grün (selten) bis zu Violett und Schwarz. Die Bohnenkerne sind teilweise gefleckt, getupft, gestreift oder marmoriert. Die 'Türkenbohne' beispielsweise ist violett bis rotbraun mit dunkler Marmorierung. Die seltene Buschbohne 'Yellow Eye' hat ihren Namen von dem gelben Auge. 'Cranberry Flieder' ist eine Stangenbohne mit fliederfarbenem, gesprenkeltem Korn. Einige wenige Sorten sind blauhülsig, beispielsweise die Buschbohne 'Purple TeePee' oder die Stangenbohne 'Blauhilde'; sie werden beim Kochen grün. Die weiß blühende 'Porzellanbohne'

wächst bis zu drei Meter hoch. Die 'Orca-Bohne' wird wegen ihrer charakteristisch gezeichneten großen Samen auch 'Yin-Yang-Bohne' genannt. Von dieser Kletterbohne werden sowohl die Hülsen als auch die Kerne genutzt.

Für eine leckere Zubereitung von Trockenbohnen werden die Bohnen über Nacht eingeweicht und anschließend mit frischem Wasser gar gekocht. Dies kann zwei bis drei Stunden dauern. Wichtig: Kein Salz dazugeben. Erst nach Ende der Garzeit würzen!

Der Anbau von Bohnen

Bohnen werden wegen ihrer Frostempfindlichkeit erst Mitte Mai gelegt. Sie benötigen einen humosen, warmen und gut durchlässigen Boden. Bei Buschbohnen gibt man etwa fünf Stück in ein Loch, bei Stangenbohnen legt man die Bohnen einzeln. Eine Besonderheit stellen Sorten dar, die als Einbohnen bezeichnet

Die 'Porzellanbohnen' sind eine italienische →
Landsorte, deren Kerne etwa zwei Zentimeter groß werden.
Besonders hübsch gezeichnete Samen – ↓
die 'Orca-Bohne'.

werden: Sie bringen starkwüchsige, mehrfach verzweigte Büsche hervor. Ihre Körner werden einzeln im Abstand von 30 bis 40 Zentimetern in den Boden gelegt. Anhäufeln erhöht die Standfestigkeit.

Bohnen zählen zu den Stickstoff sammelnden Pflanzen; sie bilden mit Knöllchenbakterien (Stickstofffixierer) besetzte Seitenwurzeln. Viele alte Busch- und Stangenbohnen reifen nicht auf einmal, sondern können mehrmals durchgepflückt werden. Trockenbohnen werden an der Pflanze nachgetrocknet, anschließend ausgelöst bzw. gedroschen und von Hand verlesen.

Bohnen erhalten und vermehren

Bohnen sind einjährige Schmetterlingsblütler, bei denen die Befruchtung in der noch geschlossenen Blüte erfolgt und somit Selbstbefruchtung vorherrscht. Durch den häufigen Besuch von Insekten kommt aber auch ein gewisser Anteil an Fremdbefruchtung vor. Um das Verkreuzen verschiedener Sorten zu verhindern, sollten zwischen ihnen Abstände von mindestens 50 Metern eingehalten werden. Für die Saatgutgewinnung werden etwa zehn gesunde Pflanzen zum Nachbau ausgewählt. Weitere Selektionskriterien sind u. a. Hülsenanlage, Hülsendicke, Reifezeitraum, Ertrag, Pflanzengesundheit und Geschmack. Von diesen zehn Pflanzen werden die ersten kräftigen Hülsen bis zur Reife hängen gelassen. Erst die nachfolgenden Hülsen werden zum Verzehr geerntet. Die ausgereifte trockene Saat wird verschlossen in einem Gefäß dunkel, trocken und kühl gelagert. Als Saatgut bleiben sie bei trockener und kühler Lagerung drei bis vier Jahre keimfähig.

Der Form seiner Blätter verdankt →
dieser Schnitt- und Pflücksalat
seinen Namen 'Ochsenzunge'.
Er stammt traditionell aus
Rumänien und Kasachstan.

↓ Von links nach rechts: 'Forellenschluss', Römer- und Bindesalat aus Österreich. 'Hirschzunge', Blattsalat der Amish People aus Amerika. Rotbrauner Buttersalat 'Merveille des quatre saisons'. 'Radichetta', mittelgroßer, sehr robuster Blattsalat.

GARTENSALAT

Gartensalat war das Gemüse der Jahre 2007 und 2008. Schon die alten Ägypter hatten ihn in Kultur und auch heute noch zählt er dank seiner Sortenvielfalt und seines unkomplizierten Anbaus zu den beliebtesten Gemüsen in unseren Gärten.

Die Gartensalate *(Lactuca sativa)* gehören zur Familie der Korbblütler (Asteraceae). Alle Kulturformen sind einjährig und haben kleine, unscheinbare, blassgelbe Blüten.

Aus dem Mittelmeerraum, wo er bereits in der Antike entwickelt und genutzt wurde, brachten christliche Mönche den Salat nach Nordeuropa und pflanzten ihn zunächst in ihre Klostergärten. Heute sind die Gartensalate aus keinem Haus- oder Kleingarten mehr wegzudenken; gleichzeitig wird Salat in großem Maßstab industriell angebaut.

Die Weiterentwicklung des Gartensalates

Alle heutigen Salatsorten gehen vermutlich auf den eng verwandten Kompass- oder Stachellattich, *Lactuca serriola*, zurück. Sie führen, wie viele Wildarten der Gattung *Lactuca* Milchsaft, dessen Bitterkeit über die Jahrhunderte durch die Züchtung gemildert wurde. Es gibt weltweit rund 100 Arten der Gattung *Lactuca*, davon 17 in Mitteleuropa.

Diese 100 Arten entwickelten sich in Anpassung an unterschiedliche Standortbedingungen zu einer un-

'Neapolitanischer Salat'

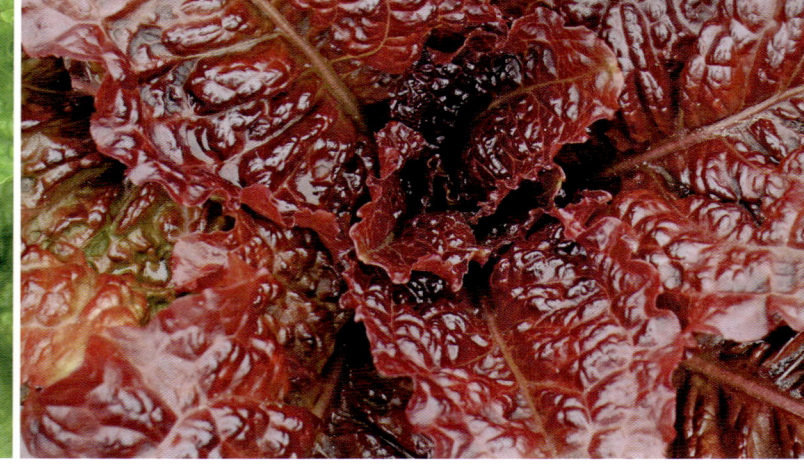
Glänzend roter Schnitt- und Pflücksalat 'Neuentwicklung'

glaublichen Sortenvielfalt, die wiederum zu vier Varietäten zusammenzufassen sind: Kopfsalat, Römersalat, Schnittsalat und Spargelsalat.

Kopfsalat

Kopfsalate *(Lactuca sativa* var. *capitata)* bilden die typischen Salatköpfe aus, die als Ganzes geerntet werden. Unterschieden werden die Typen Butterkopf- und Eissalat sowie Bataviasalat, eine Kreuzung aus Butterkopf- und Eissalat. Der Butter(kopf)-, auch Grüner- oder Kopfsalat genannt, hat vielgestaltige weiche, zarte Blätter. Die Köpfe sind locker bis fest, wie beim rotbraunen 'Merveille des quatre saisons'. Moderne Sorten erreichen Gewichte bis 400 Gramm. Neben Früh- und Sommersorten sind besonders die Wintersorten interessant, die aus dem Handel jedoch verschwunden sind. Sie sind gut geeignet für den eigenen Freilandanbau. Ihre Aussaat erfolgt im August oder September, und nur bei starken Frösten ist ein Winterschutz erforderlich. Ab Mitte Mai des Folgejahres können die Wintersalate dann geerntet werden. Kennzeichnend für die Eissalate ist die Ausbildung fester Köpfe, die durch stärkere Krümmung der Blattmittelrippe zustande kommt. Der Name Eissalat wurde geprägt durch den Transport auf Eis zu Beginn des Handels. Für den Saatbau müssen die festen Köpfe beim Durchschieben der Blütentriebe vorsichtig kreuzweise eingeschnitten werden. Die dunkelgrünen Blätter sind fest und spröde. Die Köpfe erreichen Gewichte von 500 bis 800 Gramm. Eissalat wird in Mitteleuropa vor allem im Gewächshaus angebaut und hat die größte wirtschaftliche Bedeutung unter den Gartensalaten.

Römersalat

Die knackigen Binde- oder Römersalate (*Lactuca sativa* var. *longifolia*) sind wärmebedürftiger als Kopfsalate. Die Blätter sind länglich und wachsen aufrecht. Sie bilden einen lockeren, auch als Kolben bezeichneten Kopf. Als sogenannte Salatherzen erobern neue Sorten mit kleinen, eher festen Köpfen gerade den deutschen Markt. Bei vielen älteren Sorten mussten die Blätter noch zusammengebunden werden, um ein zartes Herz zu bilden. Bei der Regionalsorte 'Kassler Strünkchen' können, wie beim Spargelsalat (siehe Seite 68), zusätzlich die Stängel geerntet werden. Zu den interessanten Sorten des aus dem Handel verdrängten Sortiments zählen der rot getupfte 'Forellenschluss' oder die zartblättrigen 'Teufelsohren'.

Bataviasalat 'Blonde de Paris', gezüchtet aus Kopf- und Eissalat

Junge 'Teufelsohren' (Römer- und Bindesalat)

Schnitt- und Pflücksalat

Die Wuchsform der Schnitt- und Pflücksalate *(Lactuca sativa* ssp. *secalina, L. sativa* var. *acephala, L. sativa* var. *crispa)* reicht von locker angeordneten Blättern bis zu dichten Rosetten. Die Blätter dieser als Blattsalate zusammengefassten Gruppe werden einzeln von außen nach innen geerntet, wobei der Salat in der Mitte weiterwächst. Die heute verbreiteten Sorten 'Lollo rosso' und 'Lollo bionda' zählen zur neuen Gruppe der Blattbataviasorten. Eichblattsalate sind eine wiederentdeckte alte Gruppe.

Spargelsalat

Die Heimat der Spargelsalate *(Lactuca sativa* var. *angustana)* liegt in Asien. Sie sind vor allem in China der am meisten genutzte Gartensalat. Der dortige Formenreichtum ist bei uns bisher kaum bekannt. Genutzt werden Blätter und Stängel (siehe Seite 68).

Salate selbst vermehren

Überwiegend findet bei allen Gartensalaten Selbstbefruchtung statt. Die Saatgutgewinnung ist recht einfach und ist auch auf kleiner Fläche durchzuführen. Die Selektion der zu vermehrenden Pflanzen erfolgt auf ein sortentypisches Bild, zum Beispiel eine besonders schöne Kopfbildung. Um eine lange Erntesaison zu erhalten, ist es sinnvoll, Pflanzen auszuwählen, die möglichst spät „schießen". Die wie bei einer „Pusteblume" schirmartig gestielten Samen müssen im Trockenen reifen. Wenn die Pflanze vollständig abgetrocknet ist, kann der gesamte Samenträger geerntet und über einem Gefäß ausgeschlagen werden. Zum Reinigen wird die Spreu weggepustet und die Samen anschließend kurz nachgetrocknet.

Inhaltsstoffe eines Salatblatts

Salatblätter weisen einen Wassergehalt von bis zu 95 Prozent auf und sind sehr kalorienarm. Fruchtsäuren machen den frischen Salatgeschmack aus und seine appetitanregende Wirkung ist auf den Bitterstoff Lactucin zurückzuführen. Den höchsten Vitamingehalt haben die äußeren Blätter. Hervorzuheben ist die Wirkung des Pflanzenfarbstoffs Quercetin, der die Bildung krebserregender Nitrosamine verhindert.

TOMATEN

Tomaten sind in ganz Europa aus keiner Küche mehr wegzudenken. Die schönsten Namen lassen sich bei den Österreichern und Italienern finden, die die roten Früchte liebevoll Paradeiser und pomodoro (Goldapfel) nennen.

Der lange Weg der Tomate

Tomaten *(Solanum lycopersicum,* syn. *Lycopersicon esculentum)* sind Nachtschattengewächse (Solanaceae) und nehmen eine Mittelstellung zwischen Gemüse und Obst ein. Botanisch gehören ihre Früchte zu den Beeren. Sie stammen aus dem tropischen Süd- und Mittelamerika. Dort kultivierten Azteken und Maya sie seit Jahrhunderten. Kolumbus brachte sie 1498 nach Europa. Die Verwandtschaft zu anderen Nachtschattengewächsen, wie Kartoffel, Bilsenkraut, Tollkirsche oder Alraune, die lange Zeit als Hexenkräuter angesehen wurden, erschwerte dem Neuankömmling seinen Start in der Alten Welt. Man hielt die Tomate wegen ihres starken Geruchs, der durch ein ätherisches Öl in der Blattbehaarung hervorgerufen wird, für giftig. Außerdem enthalten unreife Tomaten das Pflanzengift Solanin, das erst im Verlauf des Reifungsprozesses abgebaut wird. Tomaten wurden daher zunächst nur wegen ihres dekorativen Aussehens gepflanzt. Die reifen Früchte verdächtigte man wegen ihrer sinnlichen Form und der verlockenden Farbe, Liebeswahn auszulösen,

worauf sich auch die Bezeichnungen Liebesapfel oder Paradiesapfel beziehen. In Italien fanden Tomaten im 18. Jahrhundert endlich ihren Einzug in die Küche. Die kulinarische Nutzung breitete sich dann über ganz Europa aus und hatte einen weiteren Durchbruch mit der amerikanischen Entwicklung von Tomatenmark, -suppe und Ketchup. Heute zählen Tomaten zu den wirtschaftlich bedeutendsten Gemüsearten. Ganzjährig in den Gemüseauslagen finden sich aber vorwiegend die uniformen, gut transport- und lagerfähigen Sorten, die für den Gewinn dieser Eigenschaften aber oft mit einem Verlust an Geschmack bezahlt haben.

Für jeden ist eine dabei: 10.000 Sorten

Es gibt weltweit annähernd 10.000 verschiedene Tomatensorten, deren Geschmack von zitronensauer bis zuckersüß reicht. Anhand ihrer Größe und der Anzahl der Fruchtkammern lassen sich Fleischtomaten, mittelgroße Tomaten, Cocktail- oder Kirschtomaten und Wild- oder Johannisbeertomaten unterscheiden. Zu-

↑ Paradiesäpfel so weit das Auge reicht: schmackhaft und vielfältig, von klein bis groß, von grün bis rot. Auch mehrfarbige Sorten
mit ungewöhnlichen Formen sind zu finden.

'Costoluto' – alte, gerippte Fleischtomate

'Yellow Stuffer' – gelbe Stabtomate mit feinem Aroma (innen hohl)

sätzlich sprechen wir von Eiertomaten (mittelgroß, hochrund), Flaschentomaten (schmal, länglich) und Trauben- oder Pflaumentomaten. Die Farbpalette reicht von grün über weiß, goldgelb, orange, rosa, dunkelrot, violett bis schwarzrot. Generell haben die helleren Sorten weniger Fruchtsäure. Buschtomaten sind von begrenztem Wuchs; ihre Seitentriebe werden nicht entfernt (entgeizt). Fast alle Sorten gehören jedoch zu den Stabtomaten: Sie müssen aufgebunden und entgeizt werden.

Wild- oder Johannisbeertomaten

Diese beerengroßen, nur ein bis drei Gramm leichten Tomaten stammen aus den Küstengebieten Chiles und Perus, einige Sorten auch von den Galapagos-Inseln. Die Früchte schmecken fruchtig-süß und sehr aromatisch. Die Pflanzen können ohne Ausgeizen kultiviert werden und sind kaum anfällig für Kraut- und Braunfäule (z. B. 'Rote Murmel').

Kirschtomaten

Cocktail- oder Kirschtomaten haben zwei Fruchtkammern. Die verschiedenen Sorten haben zart schmelzendes bis mehlig-trockenes Fruchtfleisch, und an

Formen gibt es neben den runden auch birnen- oder pflaumenförmige Sorten wie die freilandtaugliche 'Celsior'.

Mittelgroße und Stabtomaten

Mittelgroße Tomaten haben drei bis vier Fruchtkammern und können auch flaschen- oder eiförmig sein. Die Stabtomate 'Green Zebra' ist eine saftig-frische Sorte, die im reifen Zustand gelbe Streifen auf grünem Hintergrund hat. 'Yellow Stuffer' ist hohlkammerig und kann gut gefüllt werden.

Fleischtomaten

Es gibt neben glatten runden, gerippten, plattrunden auch einige sack- und beutelförmige sowie herzförmige Sorten. Fleischtomaten können bis zu einem Kilogramm Gewicht erreichen! Die Sortengruppe der 'Ochsenherzen' wurde in ihrer osteuropäischen Heimat von Hand zu Hand weitergegeben und hat viele Größen und Farben hervorgebracht. Sowohl in Italien als auch in ihren Heimatländern entwickelte sich ein stark gerippter Sortentyp ('Costoluto' = die Gefaltete), der kalte Platten mit fast blumig erscheinenden Tomatenscheiben bereichert.

'Green Zebra' – ertragreiche Stabtomate

'Ochsenherz' – Stabtomate aus ungarischer Züchtung

Anbau & Pflege

Zum Eigenanbau ist kein Hausgarten erforderlich, denn es gibt auch Sorten, die vorzüglich im Kübel gedeihen. Man muss die für die jeweiligen Bedingungen am besten geeigneten Sorten herausfinden. Durch das vielfältige Angebot können aber fast alle Bedürfnisse im Hinblick auf Standort, Wuchsform, Geschmack, Erntezeitpunkt und -dauer erfüllt werden.

Die Aussaat erfolgt ab Ende Februar unter Glas an einem hellen Platz (mind. 18 °C). Ausgepflanzt werden die jungen Tomaten Mitte Mai, wenn mit keinen Frösten mehr zu rechnen ist, und zwar an einem hellen, möglichst regengeschützten Platz. Die Pflanzen bevorzugen humosen, gut gedüngten (am besten mit Kompost) und kalkhaltigen Boden. Sie haben einen hohen Wasserbedarf; für das Aroma ist es jedoch besser, sie lieber zu trocken als zu feucht zu halten.

Gesunde Tomaten

Eine große Schwierigkeit im Tomatenanbau liegt in der Anfälligkeit für Kraut- und Braunfäule. Schon nach fünf Stunden Blattfeuchtigkeit lässt der Pilz *Phytophthora infestans* die Früchte braun werden und das Laub absterben. Zuverlässig hilft dagegen nur die Überdachung der Pflanzen oder der aufwendigere Anbau im Gewächshaus. Die Gärtnereien habe sich daher gezielt auf den Anbau unter Glas oder Folie ausgerichtet, wobei in konventionellen Betrieben Krankheiten mit Pestiziden bekämpft werden. Durch intensive biologische Züchtungsarbeiten, z. B. von Dreschflegel und Bernd Horneburg, können heute vermehrt Freilandsorten mit hoher Toleranz gegen Kraut- und Braunfäule angeboten werden. Mehr zu Saatgutgewinnung bei Tomaten finden Sie auf Seite 117.

Süße Früchte

Der Geschmack der Früchte ist von Sorte, Anbauform und Witterung abhängig. Ein sonniger und heißer Sommer führt bei den Tropenkindern zu deutlich mehr Aroma als ein kühles und verregnetes Jahr. Auch importierte Früchte, die nach der Ernte reifen, haben nicht nur einen weniger intensiven Geschmack, sondern auch geringere Gehalte der positiven Inhaltsstoffe, wie Lycopin, dessen Wirksamkeit bei Krebserkrankungen weitgehend unbestritten ist.

↑ Die 'Holter Palme' ist eine alte ostfriesische Landsorte mit hell-
grüner, sehr feinkrauser, großer Rosette. Die Pflanzen können eine
Höhe von bis zu 1,10 Meter erreichen.

GRÜNKOHL

Wenngleich der Grünkohl selbst in Norddeutschland in den letzten Jahrzehnten spürbar an Bedeutung verloren hat, gehört das zünftige Grünkohlessen doch weiterhin zu den Ritualen, die aus der Vorweihnachtszeit nicht wegzudenken sind.

Der Grünkohl und seine Verwandten

Die Kohle bilden die Gattung Brassica innerhalb der Familie der Kreuzblütler (Brassicaceae). Allen gemeinsam sind ihre kreuzförmigen Blüten mit meist vier Kelch- und Kronblättern. Alle Gemüse-Kohle gehören zur Art *Brassica oleracea,* die von einer immensen Formenvielfalt gekennzeichnet ist. Über viele Jahrhunderte wurde die Mannigfaltigkeit in der Kultur des Menschen durch Züchtung und Auslese weiter vermehrt. Grünkohl *(Brassica oleracea* ssp. *capitata* convar. *acephala* var. *sabellica)* zählt zu den Blatt- oder Blätterkohlen und ist der Wildform des Kohls noch sehr ähnlich. Andere Bezeichnungen sind Krauskohl, Winter-, Blätter- oder Federkohl. Die regionale Bezeichnung Braunkohl ist auf die Art der Zubereitung zurückzuführen. Wird der gekochte Grünkohl immer wieder aufgewärmt, ist irgendwann alles Chlorophyll zerkocht und der Kohl bräunlich. Der echte braune Krauskohl hat seinen Namen dagegen von seiner bläulich-violetten Blattfarbe. Er ist inzwischen aus dem Anbau verschwunden.

Grünkohl stammt ursprünglich aus dem Mittelmeerraum. Schon im antiken Griechenland galt der Sabellinische Kohl, eine ursprüngliche Form des Grünkohls, als Delikatesse. Auch die Römer bauten Grünkohl als Gemüse an. Bei uns ist Grünkohl ein typisches Wintergemüse. Der Anbauschwerpunkt liegt in Norddeutschland, wo er lange Zeit in der Ernährung der Landbevölkerung eine bedeutende Rolle spielte. Grünkohl zeichnet sich durch einen hohen Vitamin-C-Gehalt aus.

Kleine Grünkohl-Auswahl

Alte Grünkohlsorten können neben grünen auch rötliche oder violett gefärbte Blätter und Stiel hevorbringen. Auch ihre Wuchshöhe, die Ausprägung der Stammbeblätterung und die Blattbeschaffenheit variiert erheblich. Der Geschmack der einzelnen Sorten reicht von sehr mild bis ausgesprochen kräftig. Die 'Ostfriesische Palme', auch 'Strunkkohl' genannt, erreicht eine Höhe bis 1,80 Meter. Ihre Blätter können

'Wiesedermeer' (oben links), eine ostfriesische Regionalsorte. →
'Blaue Palme' (oben rechts), ein traditioneller Futterkohl.
'Echter Braunkohl' (unten links) wird nicht mehr kommerziell
angebaut. 'Lerchenzunge' (unten rechts) mit länglichen,
fein krausigen Blättern.

dank ihrer Frosthärte bis in das Frühjahr hinein geerntet werden. Die 'Holter Palme' wird etwa 1,10 Meter hoch. Beides sind alte ostfriesische Landsorten. Der Grünkohl 'Wiesedermeer' ist eine Regionalsorte mit Blattkräuselung, die bis anderthalb Meter hoch wird. Die etwa 150 Jahre alte Sorte 'Lerchenzunge' stammt ursprünglich aus dem Hamburger Raum und ist ein eigener Sortentyp mit schmalen, länglichen, sehr fein gekrausten Blättern. Blaukohl wurde in Ostfriesland traditionell als Futterkohl angebaut und verschwand seit den 70er-Jahren zunehmend.

Grünkohl anbauen und erhalten

Grünkohl wird im März ausgesät und später auf Abstände von 30 × 40 bis 50 × 50 Zentimeter vereinzelt. Die zweijährige Pflanze ist schnellwüchsig und bildet im ersten Jahr noch keine Blüten aus. Sie stellt wenig Ansprüche an den Standort. Wie alle Kohlarten benötigt sie jedoch eine gute Nährstoffversorgung. Ab September werden bei den hohen Sorten die unteren Blätter abgeblättert. Sie dienen als Futter für Haustiere. Ursprünglich nutzte man fast alle Bestandteile des Grünkohls: Der Strunk wurde getrocknet und als Anmachholz verwendet. Das Mark im Strunk wurde im Herbst roh und im Frühjahr gekocht zubereitet. Auch den Strunkaustrieb im Frühjahr hat man verwertet; er ist zarter, milder und eignet sich auch für Salate.
Die heutigen Sorten sind dagegen darauf gezüchtet, den Höchstertrag in der Rosette zu haben.

Herbstzeit – Erntezeit

Mit Beginn der kühleren Jahreszeit bilden die Pflanzen eine feinere Kräuselung und einen schönen Kopf aus. Ab Oktober können die äußeren Blätter zum Verzehr geerntet werden.
Entgegen der weit verbreiteten Meinung löst Frost nicht die Umwandlung von Stärke in Zucker aus. Wenn es kalt wird, verlangsamen sich die Stoffwechselvorgänge in der Pflanze, der Kohl verbraucht weniger des angereicherten Zuckers. Parallel wird das Enzym Phosphofruktokinase gehemmt. Gleichzeitig läuft aber die Zucker bildende Fotosynthese weiter. Insgesamt wird die Pflanze süßer.

Im zweiten Jahr: Saatgut gewinnen

Für die Saatgutvermehrung werden die kräftigsten Pflanzen ausgewählt, die in ihren weiteren Eigenschaften am besten den speziellen Vorlieben des Gärtners entsprechen. Sie überwintern auf dem Feld oder bei besonders frostempfindlichen Sorten auch im Topf oder Kübel.
Traditionell werden jeweils drei bis vier Pflanzen zum Nachbau stehen gelassen. Ab Mitte März treiben die Pflanzen an der Spitze und in den Blattachseln aus, und im Mai entwickeln sich gelbe Blüten. Sie werden hauptsächlich von Bienen bestäubt, denn Grünkohl zählt zu den fremdbefruchteten Arten. Im Juni reifen in den Schoten die Samen heran und können Ende Juni geerntet werden.
Die Schoten werden in trockenem Zustand über einem Tuch oder Stoffsack geöffnet und die Samen gesammelt. Sie bleiben bis zu sechs Jahre keimfähig.

WIE MACHE ICH SELBER SAATBAU?

Säen, Hegen und Pflegen sowie Ernten ist die eine Seite des Gärtnerns. Die andere Seite ist der Saatbau, den aber nur noch die Wenigsten praktizieren. Dabei kann die Arbeit mit und für die Saat große Freude bereiten. Besonders dann, wenn sich die Pflanzen von Saison zu Saison durch eigenes züchterisches Handeln weiterentwickeln. Machen Sie mit!

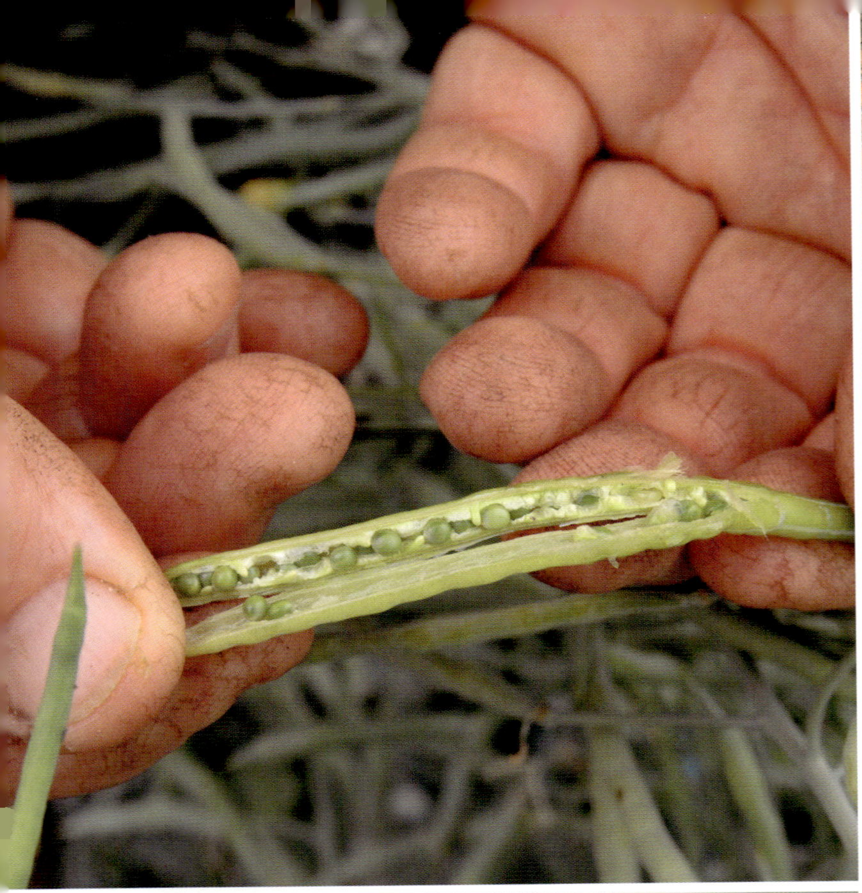

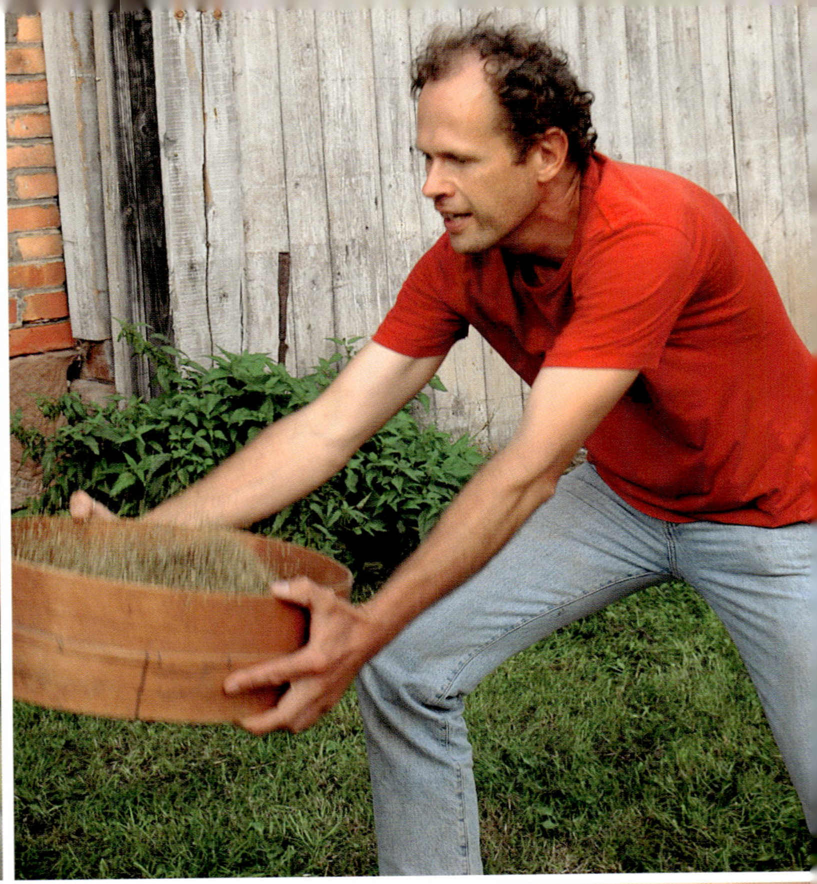

Forelle
aus Bingenheim

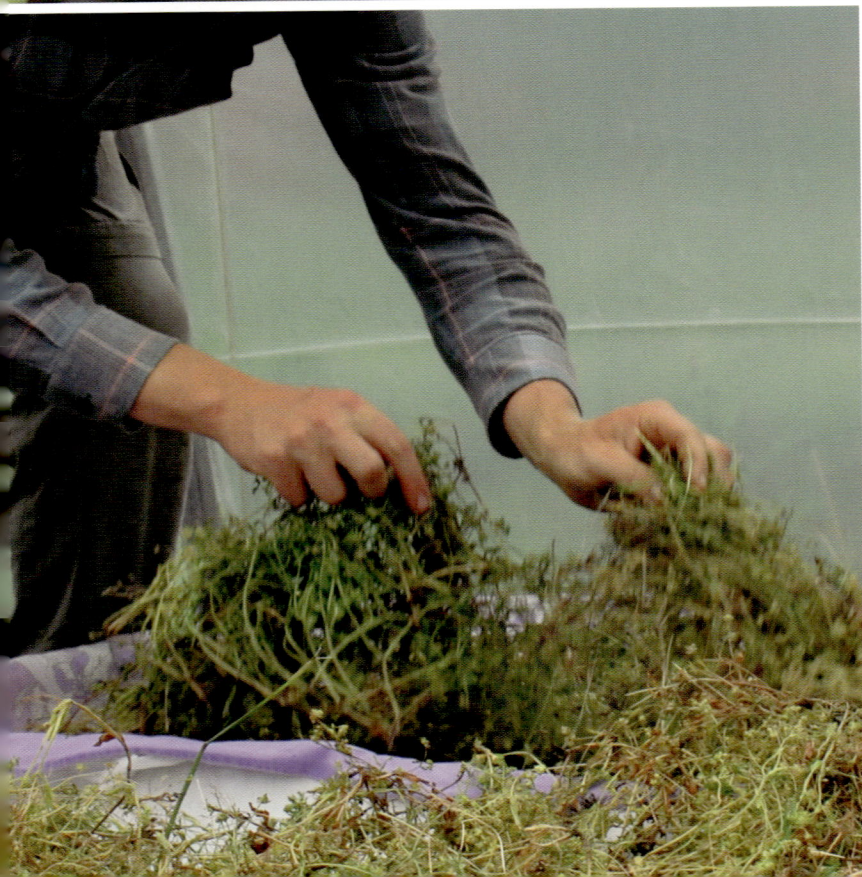

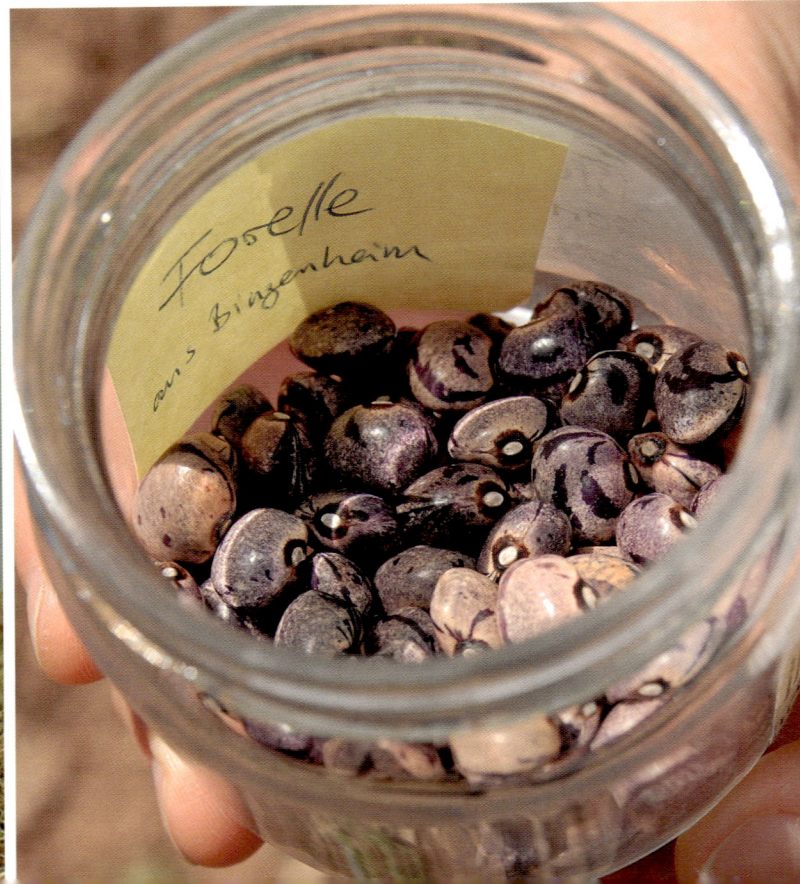

LANDSORTE ODER EINHEITSGEMÜSE?

Unsere Landwirtschaft vor 200 Jahren

Noch vor 200 Jahren gehörten Pflanzenzüchtung und Saatgutvermehrung ganz selbstverständlich zu den Aufgaben jedes Bauern und Gärtners. Das umfangreiche Wissen über Pflanzenauslese, Samenernte und Aufbereitung des Saatguts wurde von Generation zu Generation weitergegeben. In der Folge gab es ein breites Spektrum an Nutzpflanzensorten, heute als Landsorten bezeichnet, die jeweils an die speziellen örtlichen Verhältnisse und die Bedürfnisse des einzelnen Gärtners bzw. Landwirtes angepasst waren.

Der Wandel der Zeit

Mit der Mechanisierung der Landwirtschaft begannen die Bauern, ihre Sorten nach veränderten Kriterien auszuwählen: Die Möglichkeit der leichten Bearbeitung trat immer mehr in den Vordergrund. Die aufkommende industrielle Verarbeitung des Gemüses erforderte eine einheitliche Form und Größe der Feldfrüchte. Die Agrochemie förderte durch die Bereitstellung von Mineraldünger und Pestiziden die

Vorherrschaft einiger weniger Sorten. Gleichzeitig engagierten sich die Großkonzerne in der Saatgutzüchtung. Ihr Ziel war die Entwicklung einheitlicher, schnellwüchsiger Sorten, die überregional einsetzbar und in großindustriellem Maßstab zu beernten waren. Dabei mussten sie resistent gegen Schädlinge und Krankheiten sein.

Grüne Revolution?

In den 6oer-Jahren wurden im Rahmen der sogenannten „Grünen Revolution" schnell wachsende Hochleistungssorten entwickelt, die in Verbindung mit erheblichen Einsätzen von Pestiziden, Mineraldünger und Bewässerung die landwirtschaftlichen Erträge drastisch steigern sollten. Ziel war es, diese Sorten für den Weltmarkt attraktiv zu machen und sie dafür in Ländern der Dritten Welt produzieren zu lassen. Dieses Konzept löste heftige Kritik aus und führte vor allem zu immensem Verlust von Sorten in den Entwicklungsländern. Wesentlicher Baustein auf diesem Weg waren die Hybridsorten. Bei dem Versuch, die Saat dieser Sorten wieder zu nutzen, spalten sich die

Reife Salatsamen werden über →
einem Eimer ausgerieben und
darin gesammelt. Anschließend
werden die Samen von der
Spreu getrennt.

Nachkommen in der Nachfolgegeneration wieder auf (Mendelsche Regeln). Die von den Hybriden erzielten Erträge sind in der Regel nicht mehr zu erreichen. Bauern und Gärtner sind gezwungen, sich das Hybridsaatgut erneut zu kaufen. Der Rückgang der Sortenvielfalt innerhalb der Nutzpflanzen ist durch diese Entwicklung dramatisch vorangeschritten. Ein großer Teil der in Jahrhunderten ausgelesenen, an regionale Verhältnisse angepassten Sorten verschwand unwiederbringlich aus der Nutzung. Die Saatgutproduktion wurde zunehmend von wenigen großen Saatzuchtbetrieben übernommen, die Eigentümer der durch das Bundessortenamt zugelassenen Pflanzensorten sind.

David gegen Goliath

Regionale und überregionale Initiativen versuchen seit längerer Zeit, dieser Tendenz durch die Weitergabe oder den Verkauf von Saatgut aus eigener Vermehrung entgegenzuwirken. Aber auch die Saatgutgewinnung im eigenen Garten ist möglich, wenn einige Grund-

sätze beachtet werden. Besondere Aufmerksamkeit gebührt dabei der Pflanzenauslese, der Samenernte und der Saatgutaufbereitung. Ein wichtiges Ziel ist die Erhaltung der Sorteneigenschaften. Nur von denjenigen Pflanzen, die robust und gesund sind, werden in der Regel Samen gewonnen. Aber auch der persönliche Geschmack hat Einfluss auf die Selektion der Pflanzen zum Nachbau. Wichtige Fragen für die Auswahl sind außerdem: Soll der Erntetermin früh oder spät sein? Soll sich die Ernteperiode über einen langen Zeitraum hinziehen? Wie sollen die Früchte aussehen und schmecken? Sollen die Pflanzen hoch gewachsen oder buschig sein? Anhand dieser Kriterien werden die besten, kräftigsten Pflanzen markiert. Sinnvoll ist auch, den Grund für die Selektion der einzelnen Pflanze zu notieren, z. B. die frühe Fruchtreife.

Die Samen der markierten Pflanzen werden zum sortenspezifischen Erntetermin gesammelt, getrocknet und gereinigt. Anschließend werden sie verlesen, luftdicht verschlossen, sorgfältig beschriftet und trocken, dunkel und kühl gelagert. Dies sichert den langfristigen Erhalt gesunder und ertragreicher Sorten.

Tomatenjungpflanzen, wenige Wochen nach der Keimung

Tomaten (hier 'Marfa') reifen immer gestaffelt ab.

PRIVATE GÄRTNER ALS ZÜCHTER

Für den Erfolg des Anbaus von Tomaten ist die Auswahl einer an Standort und Klima angepassten Sorte von besonders großer Bedeutung. Nur wenige Sorten sind freilandtauglich und trotzen der Kraut- und Braunfäule *(Phytophthora infestans)* ohne schützendes Dach. Generell sind für unsere Breiten osteuropäische Sorten besser geeignet als Sorten aus südlichen Ländern, weil sie an kürzere Vegetationszeiten angepasst sind und daher schneller reifen.

Die Ernte kleinfruchtiger Sorten beginnt auch meist, bevor die Braunfäule im August die weitere Ernte gefährden kann.

Tomaten im Garten pflegen

Tomaten werden von Februar bis Anfang April in Töpfen bzw. unter Glas vorgezogen. Sie brauchen einen sonnigen, regengeschützten Platz mit leichter Windbewegung.

Wegen ihrer Anfälligkeit gegenüber Kraut- und Braunfäule ist die Nachbarschaft zu Kartoffeln ungünstig, da diese auch vom Krautfäulepilz befallen werden und ihn übertragen können. Hat man für die Tomaten einen guten Platz gefunden, sollte er ihnen auch in den Folgejahren vorbehalten bleiben. Bei starkem Braunfäule-Befall ist jedoch ein Ortswechsel angesagt. Wegen

↓ Von links nach rechts: Tomatensamen werden aus der reifen Pflanze ausgelöst. Die keimhemmende Gallertschicht vergärt in Wasser, das täglich gewechselt werden muss. Auswaschen und Trocknen der Samen auf Zeitungspapier oder Kaffeefilter. Abfüllen der getrockneten Samen zur Lagerung.

ihrer Frostempfindlichkeit erfolgt das Auspflanzen ins Freie erst Mitte Mai. Die Pflanzlöcher werden mit Standweiten von 80 bis 100 Zentimetern mindestens 25 Zentimeter tief ausgehoben und die Tomaten möglichst tief gepflanzt.

Da sie zu den Starkzehrern zählen, muss das Pflanzloch gut mit Kompost versorgt werden. Das regelmäßige Ausbrechen der neu wachsenden Seitentriebe (Ausgeizen) verhindert das Verbuschen der Pflanze und stärkt den Haupttrieb. Das Ausmaß des Ausgeizens richtet sich nach der gewünschten Wuchsform: Bei großfrüchtigen Stabtomaten wird auf einen einzigen Haupttrieb reduziert, bei den kleinfrüchtigen Cocktailtomaten können mehrere Triebe fächerartig wie ein Spalier gezogen werden. Bei Buschtomaten unterbleibt das Ausgeizen.

Beim Gießen dürfen die Blätter zum Schutz vor Braunfäule nicht nass werden. Kommt es durch feuchte Witterung dennoch zu einem Befall, so hilft nur das großzügige Entfernen kranker Pflanzenteile. Besten Schutz bieten kleine Dächer über den Pflanzen oder der Anbau unter einer Dachtraufe in großen Kübeln.

Saatgut ernten und lagern

Tomaten sind mit Ausnahme der Wild- und großfrüchtigen Fleischtomaten Selbstbefruchter. Zur Entfaltung ihres Aromas werden die Früchte reif geerntet. Für die Samengewinnung nimmt man gesunde, überreife Früchte, aus denen die Samen mit dem Fruchtsaft herausgedrückt werden. Wichtig ist die Verwendung der Früchte, die zuerst heranreifen. Diese Selektion verspricht auch in den Folgegenerationen frühe Ernten. Die Masse wird mit etwas Wasser versetzt und je nach Temperatur ein bis drei Tage zur Gärung stehen gelassen. Dadurch wird die keimhemmende, geleeartige Schicht um die Samen abgebaut. Die Gärung ist abgeschlossen, wenn alle fruchtbaren Samen nach unten gesunken sind. Die von Bläschen durchsetzte Gallerte steigt nach oben und kann abgeseit werden. Die Samen werden durch ein Sieb gewaschen und auf Zeitungs- oder Kaffeefilterpapier getrocknet. Die Lagerung erfolgt kühl und dunkel, in einem geschlossenen Gefäß. Für den Erhalt der Sorte muss alles dokumentiert und beschriftet werden. Die Saat bleibt mindestens fünf Jahre keimfähig.

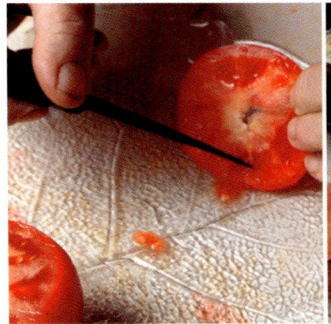

PERSPEKTIVEN

Stopp! Rasenmäher stilllegen, innehalten, samenfeste Saat besorgen und den Spaten hervorholen: Im Grunde genommen braucht es nicht viel, um mehr Abwechslung in den eigenen Garten zu bringen. Durch Ihr Handeln wird das Netzwerk der Erhaltungsakteure wieder um ein Stück feinmaschiger.

Fackeln sie nicht lange, fangen Sie an!

Nutzgärten bieten eine inspirierende Farbpalette. →
Von oben links nach unten rechts: Schwarzwurzelblüten,
Blütenknospe eines Salats, Mangold 'Waliser' kurz vor der
Blüte und blaue Radicchio-Blüte.

VERLUST ODER VIELFALT?

Von der kulturpsychologischen Dimension des Gärtnerns

An der Höhe und der Häufigkeit des Rasenschnitts lässt sich viel über die geistige und kulturelle Verfassung einer Gesellschaft ablesen. Um es auf einen Nenner zu bringen: Je kürzer, je häufiger, desto naturfeindlicher. Und angesichts der an schönen Sommertagen in Horden aufheulenden Rasenmäher, die alles kurz und klein halten, was irgendwie kreucht und fleucht, fällt das Urteil ernüchternd aus: Die deutsche Gesellschaft ist eine, die ein offenbar gestörtes Verhältnis zu ihren Gärten hat. Die Rasenmäherei ist ein kulturelles Konzept, das auf Eliminieren, Kleinhalten, Abschneiden und Abstecken setzt. Der Rasen wird zum Ort martialischer Kontrolle – Hauptsache moosfrei. Das ist gut für die Gartenindustrie, weil sie mit allerlei Utensilien, von sinnvoll bis überflüssig, vom Rasenmäher über Heckenscheren, Kantenschneider und Multidünger bis hin zu diversen Giften daran verdient. Jeder gut geführte Baumarkt hat inzwischen eine grüne Ecke, die dem Hobbygärtner suggeriert, dieses oder jenes erwerben zu müssen. Getreu der Maxime, bloß nicht die Kontrolle über das verlieren, was noch zwischen Teer, Beton oder den übrigen Dingen der Zivilisation auf den „Freiflächen" heranwächst. Dies gilt scheinbar für den Rasen und den Zierpflanzenbereich genauso wie für den Nutzgarten, falls der überhaupt noch existiert und nicht schon längst wegrationalisiert wurde.

Defizite im Garten

Dem Kunden werden nichtsdestoweniger Hybridsaaten für Möhren, Radieschen und Salat angeboten, wobei allein schon die Bilder auf den Saattütchen eine erstaunlich systemkonforme Affinität zum kurz geschorenen Rasen aufweist. All das hat mit Vielfalt, Geschmack und organischem Wachsen gänzlich wenig zu tun. Das ist die traurige Wirklichkeit. Es ist eine ziemlich uniformierte, einfältige und artenarme Gartenwelt, die allerdings von den meisten gar nicht als sonderlich dürftig wahrgenommen wird. Sie vermissen keine Vielfalt, weil sie in ihrem kulturellen Kontext gar nichts anderes mehr kennen. Sie sehen daher keinen Verlust an Vielfalt, verspüren kein ästhetisches Defizit im bestehenden Angebot und vermögen der Debatte über die kulturelle Erosion in den Gärten im Allgemeinen und in den Gemüsegärten im Besonderen kaum zu folgen. Das Bewusstsein fehlt, weil viele Menschen in ihrem Lebensalltag von den Reichtümern, die in den Gemüsebeeten keimen und gedeihen, so weit entrückt sind wie der junge Finanzakrobat an der Wallstreet vom afrikanischen Bauern. Es ist kurios. Die Mehrheit richtet sich in dieser Mono-

120

Das Rot der Melde und die →
Samenstände der Zwiebelgewächse
sind ein ungewöhnlicher Anblick.

Mangold mit seinen →
charakteristischen bunten Blattstielen.
Ernte-Potpourri aus Kartoffeln, Salat, ↓
Mangold und Co.

tonie ein und wiegt sich wegen der überbordenden Ge-
müse- und Obstangebote aus allen Teilen der Welt in
Vielfalt, während sich eine kritische Minderheit kopf-
schüttelnd abwendet und sich um mehr Abwechslung
und Fülle in den Gärten und in den Köpfen der Menschen bemüht. Dabei geht die eingeforderte Vielfalt in
den jeweiligen Kulturkreisen einher mit dem generel-
len Überdenken des oft alles andere als ökologischen
Handelns in den meisten Gärten.

Fünf vor zwölf

Es stellt sich eine grundsätzliche Frage, die bei Weitem nicht nur Gärtner und Leute mit grünem Daumen
betrifft, sondern die eine kulturpolitische Thematik
aufgreift, mit der sich die postindustrielle Innovations-
gesellschaft, ob sie nun will oder nicht, auseinanderzu-
setzen hat, will sie nicht verarmen. Wissen doch alle:
„Wenn der letzte Baum gefällt ...“ Wenn sich die Mehrheit in der Monotonie dauerhaft einrichtet, dann läuft
die Gesellschaft Gefahr, genetische Ressourcen und
letztlich das kulturelle Erbe unverrückbar zu verlieren.
Ganz abgesehen davon, dass eine mehr und mehr
von der urbanen Kultur geprägte Gesellschaft offenbar
nicht in der Lage ist, zu erkennen, dass mit der Paten-
tierung von genetischen Codes von ganzen Pflanzen
und Pflanzenteilen eine Privatisierung der Natur droht,
die zu deren Ausverkauf führt. Was tun? Zu allererst:
Den Rasen wieder länger wachsen lassen – mit ihm
wachsen neues Kulturbewusstsein, Interesse und hof-
fentlich auch Engagement heran.

↑ Es keimt etwas Neues – jedem Anfang liegt ein
besonderer Zauber inne.

DIE ZUKUNFT LIEGT IM GARTEN

Kunst, Küche und Kampagnen – sie alle haben etwas mit leidenschaftlichen Gärtnern gemeinsam: das neue Bewusstsein für den Erhalt der Vielfalt, ohne die nicht nur unsere Küche, sondern unsere ganze Kultur verarmt. Also: raus in den Garten!

Kunst – provozierend und informativ

Die Künstlerin Ines Doujak traf auf der 12. documenta in Kassel den Nerv. In der Neuen Galerie legte sie ein ganz besonderes Pflanzenbeet an. Auf 150 Haselstöckchen hat sie in Brusthöhe ein 16 Meter langes Beet montiert, zwischen dessen Grün ganz viele Samentüten steckten. Keine gewöhnlichen Tütchen mit den üblichen Gebrauchsanweisungen für Aussaat und Pflege, sondern mit Informationen zur globalen Biopiraterie. Die Optik der Samenbehälter war bewusst drastisch gewählt: Doujak schuf Collagen, auf denen vor harmlos floral-ornamentalen Hintergründen fetischistische Sexpraktiken zu sehen sind. Mit dieser visuellen Provokation gelang es der österreichischen Künstlerin, auf die globale Monokulturisierung, forciert durch die Patentierungswut mancher Konzerne, aufmerksam zu machen. Wer wie die gentechnisch ambitionierten Architekten einer neuen Weltordnung allein ökonomische Interessen verfolgt, so die Botschaft von Doujak, der bedrohe die Vielfalt. Ihre Fotocollagen „Siegesgärten" demonstrieren, dass

das Thema Artenvielfalt, und zwar nicht nur die wilde, sondern eben auch die kultivierte, längst nicht mehr nur in einem relativ kleinen Kreis eingeweihter Naturschutz- und Gartenfreaks diskutiert wird. Und das ist gut so. Auf vielen Ebenen bewegt sich etwas. Unter Ausschluss der Öffentlichkeit in privaten Gärten genauso wie in Museen, Organisationen, Stiftungen und an Universitäten. Unter anderem in Hamburg, wo im Loki Schmidt Haus, dem Museum der Nutzpflanzen im Botanischen Garten, mit Ausstellungen wie „Kürbis, Kiwano & Co.", organisiert von der Universität Kassel-Witzenhausen und dem VEN, auf die Vielfalt von Kürbisgewächsen aufmerksam gemacht wird. Sogar Landesgartenschauen sind mittlerweile auf den Geschmack gekommen und zeigen ursprüngliche Bauerngärten, in denen Pastinaken und Gartenmelde gedeihen.

Vom Garten auf den Teller

Apropos Geschmack: Mittlerweile haben viele Köche das alte Gemüse wiederentdeckt. Sie greifen zu Kartof-

Frau A. Schmidt in Eichstetten   Cathrin Merx bei der Selektion von Salatpflanzen im Schaugarten von Schönhagen.

feln wie 'Heideniere' oder Tomaten namens 'Schwarze Pflaumen', begeistern sich für untergegangene Geschmackswelten und bringen damit die überwältigende Vielfalt in den Beeten auf die Restaurant-Teller. Sie wirken damit, ähnlich wie die Erhaltungszüchter von Dreschflegel, hoch multiplikativ. Und da Liebe bekanntlich durch den Magen geht, könnte es durchaus sein, dass die von den neuen Geschmacksnoten beschwingten Restaurantbesucher auf Wochenmärkten nach den seltenen Gemüsen fragen und damit Bewegung in den Markt bringen.

Die weltweite Stimme für die Kultur der Langsamkeit

Wichtige Impulse gibt auch Slow Food Deutschland, das sich seit 1992 für mehr Genuss einsetzt und eine neue Kultur der Langsamkeit beim Essen und Trinken propagiert. Die Slow Food Bewegung stammt ursprünglich aus dem Norditalienischen und ist mittlerweile eine weltweite Stimme für mehr Geschmack, Vielfalt, Regionalität und Qualität an den Tafeln. Slow Food ist kurz gesagt die sinnliche Antwort auf Fast Food.

Selbst ist der Gärtner

Wahrscheinlich weniger genussorientiert als bei Slow Food, dafür aber sehr nahe an der praktischen Erzeugung ist man beispielsweise in der Gemeinde Schäftlarn im südlichen Umland von München, wo ein Selbsternteprojekt in den letzten Jahren für Furore sorgte. Ursprünglich entstand die Idee dazu in Österreich und wurde in den vergangenen Jahren von Agrarfachleuten der Universität Kassel weiterentwickelt. Über 30 Familien haben sich in Schäftlarn ein Stück

Rote Melde – die eigenwillige Blattfarbe →
sorgt für Farbe im Gemüsebeet.
Vielfalt ist auch in kleinen Gärten ↓
in Töpfen und Kübeln möglich.

Feld vom Bauern gepachtet und fingen auf eigenen Parzellen an, Gemüse anzubauen. „Pflanzen und Ernten in eigener Regie" lautete die Parole. „Wir wollen die Verbraucher zurück zur Natur führen", unterstreicht Projektleiter Franz Strobl das Leitmotiv. Das hat mit Gartenidylle wenig zu tun. Es ist in Zeiten der universalen Grenzenlosigkeit eher das neue (alte) Bedürfnis nach Mutter Erde, nach Einfachheit und nach dem Ursprünglichen.

Die neue Generation der Gärtner

Interessanterweise ist diese Sehnsucht eher in den Städten zu finden als auf dem Land. „Viele junge Leute im urbanen Kontext finden Kleingärten gar nicht mehr spießig und suchen häufig in kleinen Gemeinschaften Parzellen, in denen sie Gemüse ziehen können", spürt die Soziologin und Expertin für Subsistenz-Landwirtschaft, Dr. Elisabeth Meyer-Renschhausen, einen neuen gesellschaftlichen Trend auf: Raus aus der Couch, rein in den Garten? Tatsächlich schien die Schrebergarten-Kultur noch in den 8oer-Jahren des letzten Jahrhunderts eine aussterbende zu sein. Doch nun ist das spießig-biedere Bild von einst längst einer neuen Offenheit gewichen. Junge Leute haben wieder Lust auf den eigenen Kleingarten. Und zwar ohne Gift. Ob es im ersten Jahr gleich rotstieliger Mangold, gelbe Tomaten und violette Möhren oder sogar Erdmandeln sein werden, ist eher unwahrscheinlich. Es geht ihnen zuerst einmal nicht um die Artenvielfalt, sondern um das Gefühl, etwas Eigenes anzubauen. Ohnehin sieht die Realität nicht immer romantisch aus. „Viele wollen nicht ar-

Reichtum ernten

Handeln auf kleinem Raum

beitslos sein, bloß weil die Gesellschaft sie dazu macht", benennt Meyer-Renschhausen eine soziale Schieflage, die für den vielleicht kommenden Sog verarmender Massen in die Gärten verantwortlich ist. Für viele Städter könnte es bald schon wieder „knallharte Notwendigkeit sein", eigenes Obst und Gemüse anzubauen. Parallel zu dieser Entwicklung, von der keiner genau sagen kann, wie und mit welcher Intensität sie weiterläuft, setzen Migranten aus aller Herren Länder in hiesigen Gärten ganz neue, bunte Akzente. Ausländische Mitbürger aus der Türkei, Iran, Indien, Russland, dem Senegal oder Mittelamerika übernehmen viele deutsche Kleingärten. Sie legen nicht selten mitgebrachte Samen aus ihrer Heimat in die Scholle: Paprika, Zucchini und Bohnen. Und manche probieren sogar den Anbau von Maniok, Feigen, Reis und Bananen.

Interkulturelle Gärten

Mit dem Göttinger Verein Internationale Gärten e. V. und seinem sympathischen Konzept der interkulturellen Gärten, die auf Völkerverständigung und Integration basieren, wurde eine neue Aufmerksamkeit für Nutzgärten geweckt, die weit über Kulturen, Religionen und enge Nationalitäten hinwegreicht. Inter-

nationale Gärten existieren mittlerweile in vielen deutschen Städten. Zwar haben diese Akteure in der Regel nicht so viel mit Gemüsevielfalt am Hut, doch gewinne, so die Soziologin Meyer-Renschhausen, die Biodiversität auch in den interkulturellen Gärten an Bedeutung. Nach einigen Saisons mit billigen Hybridsaaten stellen sich eben neue Fragen.

Was macht die Politik?

Fehlt eigentlich nur noch, dass die Politik endlich aus dem Keller herauskommt und in die Gärten ausschwärmt. Dass einige Politiker die Tragweite des Verlustes der Nutzpflanzenvielfalt erkennen, die kaum der des Klimawandels nachsteht, lässt hoffen. Immerhin hat die Bundesregierung als Vorbereitung auf die UN-Vertragsstaatenkonferenz zur Biodiversität in Bonn 2008 eine Informations-Kampagne gestartet, um „die breite Öffentlichkeit ebenso sehr wie bestimmte Zielgruppen" für das Vielfältige zu sensibilisieren.

Das Bundesumweltministerium rief eine „Naturallianz" ins Leben, in der namhafte Wissenschaftler und

128

Begeisterung und Wissen früh weitergeben ...

... und neue, moderne Wege einschlagen

Künstler, Unternehmer und Umweltschützer für den notwendigen Erhalt der Artenvielfalt warben: damit mehr Menschen als bisher mit dem sperrigen Begriff Biodiversität etwas anfangen können. In Zukunft sollte die Vielfalt auf Feldern und in Gärten dabei stärker berücksichtigt werden.

„Mehr Räume fürs Leben" titelte „Die Zeit" über ein Interview mit Beate Jessel, Präsidentin des Bundesamtes für Naturschutz (BfN), im Vorfeld der am Ende doch enttäuschenden Konferenz. „Alleiniges Schützen einzelner Arten" sei nicht zielführend, sagte Jessel und fügte hinzu: „Wer die Vielfalt erhalten will, der muss Lebensräume und Landschaftstypen schützen." Dazu gehören natürlich auch Gärten, die oftmals viel artenreicher sind als weite Landstriche. Auf der Ebene der internationalen Politik forderte die Chefin des BfN deshalb die Bildung eines internationalen Gremiums – analog zum Weltklimarat IPCC –, das die Beschlüsse und Diskussionen in Sachen Biodiversitäts-Konvention wissenschaftlich begleitet und fachlich berät. Es wäre nicht das erste Forum dieser Art ...

Das Leben auf dem Lande

Wenngleich die politische Bühne extrem wichtig bleibt, das Handeln und Wirken auf dem Feld und im Garten ist letztlich am wichtigsten. Taugen doch alle politi-

„Wer die Vielfalt erhalten will, der muss Lebensräume und Landschaftstypen schützen."

schen Postulate kaum, wenn es nicht überall Menschen, Bauern, Gärtner und Selbstversorger gibt, die sie in die Tat umsetzen und leben.

Daher ist die Botschaft von John Seymour, Autor des Kultbuches „Das große Buch vom Leben auf dem Lande", trotz vieler Einschränkungen aktueller denn je: „Wenn morgen die übrige Welt in die Luft gehen sollte, könnten wir Gärtner glücklich weiterleben und würden kaum einen Unterschied merken." Artenreiche Gärten als Anfang und Ende der Landwirtschaft. Ein schöner, versöhnlicher Gedanke.

↑ Alte Sorten entdecken und sichten bringt
Ursula Reinhard Freude.

VERLUST ERKANNT – GEFAHR GEBANNT?

Landsorten sind wieder gefragt. Sie stehen im Mittelpunkt der neuen EU-Erhaltungsrichtlinie. Ein neuer Hürdenlauf hat begonnen. Wer trägt die Verantwortung, wer hat den Nutzen? Welchen Reichtum werden wir in Zukunft ernten?

Die Erhaltung der biologischen Vielfalt unserer Kulturpflanzen ist eine gesellschaftliche Aufgabe. Menschen aus verschiedenen deutschen regierungsunabhängigen Gruppierungen fühlen sich verpflichtet, dem Verlust der Vielfalt auf Feldern und in Gärten entgegenzuwirken. Laut Recherchen des VEN sind bis zu 95 Prozent der Gemüsesorten, die zu Beginn des vorigen Jahrhunderts genutzt wurden, aus dem Handel verschwunden. Die Gründe sind vielfältig. Das Ringen um weitere Verluste wird immer dringlicher.

Wie kam es zum Verschwinden von Sorten?

Bereits vor ungefähr 80 Jahren traten in Deutschland erste nennenswerte Verluste durch das Streichen von Sorten aus offiziellen Listen auf. Das in den 50er-Jahren des 20. Jahrhunderts verabschiedete Saatgutver-

kehrsgesetz besiegelte das Ende zahlreicher weiterer Sorten, die den neuen Kriterien der Sortenzulassung nicht genügten und beschränkt seitdem den Handel: Nur Saatgut zugelassener Sorten darf noch verkauft werden. Von den Streichungen waren vor allem Regionalsorten betroffen, die als Synonyme aufgefasst wurden. Dies geschah wiederholt und mündete in der heutigen Regulierung und Kommerzialisierung des Saatguthandels und dem fast vollständigen Verlust der Regional- und Landsorten in Deutschland. Einige haben den Weg in die staatlichen Genbanken gefunden. Doch es sind nicht nur die Sorten, sondern auch das Wissen um ihre Erhaltung und Nutzung in Vergessenheit geraten. Dieses Wissen kann nur in der Anwendung lebendig erhalten werden. In einigen noch ländlich geprägten Regionen Deutschlands geschieht dies durch die ältere Generation. Die Sorten in alter Tradition innerhalb der Familie zu erhalten, kann jedoch vielfach nicht mehr garantiert wer-

Ursula Reinhard ist sowohl praktizierende →
Erhaltungszüchterin als auch beredte Kommunikatorin in ihrem
Fach. Gerne gibt sie ihr umfassendes Wissen weiter.

den. Um die noch verbliebenen Sorten als kulturelles Erbe zu bewahren, bedarf es mehr denn je vieler tatkräftiger Hände und mutiger und beharrlicher Menschen, die sich der Sache auch politisch annehmen. Vor allem die jüngere Generation kann hierin eine Aufgabe mit nachhaltiger Lebensperspektive sehen.

Der Erhalt der Vielfalt ist nicht einfach

Heute sind es viele Faktoren, die die Erhaltung von alten Sorten erschweren. Zunehmende Monopolisierungen in der Saatgutindustrie, restriktive Saatgutgesetze in einer globalisierten Welt, biotechnologische

„Nur das Wissen um die Sorten und ihre Nutzung halten die Sorten lebendig."

und gentechnische Methoden der Saatguterzeugung sowie Nachbaugebühren, Lizenzen und Patentierungen von Sorten zeugen von einer stark kapitalistisch und technisch orientierten Ausrichtung der Saatzucht. Die global agierenden Saatgutmultis versprechen, mit ihren gentechnisch veränderten Sorten den Hunger einzudämmen und Antworten für eine Landwirtschaft im Zeichen des Klimawandels zu bieten. Dabei wird vergessen, dass die alten Sorten das Potenzial für eine wünschenswerte neue Ausrichtung der Züchtung bereits in sich tragen.

Netzwerke für traditionelle Sorten

Es bestehen erhebliche Zweifel daran, dass mit den heutigen Saatzuchtmethoden Lösungen für die aktuellen Probleme gefunden werden können. Deshalb haben sich Erhaltungsorganisationen, Züchter, Landwirte und Gärtner in verschiedenen Netzwerken zusammengeschlossen, um sich den traditionellen Sorten und ihrer Nutzung zu widmen sowie die politischen und gesetzlichen Rahmenbedingungen stärker mitzugestalten. Beispiele solcher Zusammenschlüsse sind die Interessengemeinschaft für gentechnikfreie Saatgutarbeit, die Interessengemeinschaft gegen die Nachbaugesetze und Nachbaugebühren und das im Jahr 2007 gegründete Internationale Netzwerk für Bäuerliches Saatgut.

Parallel gibt es in Deutschland Bestrebungen zur Gründung eines Netzwerkes oder einer Stiftung für die Biologische Vielfalt der Kulturpflanzen und Haustiere. Bleibt zu hoffen, dass diese Aktivitäten Schule machen und viele Menschen dazu anregen mitzuwirken. Gegenseitige Stützung bei der Erhaltungsarbeit und der Nutzung traditioneller Sorten erhöht deren Überlebenschancen. Ein in vielen Regionen tätiges, aber gemeinsam über die Grenzen hinweg getragenes Netzwerk lässt eine Bewegung entstehen, die gesellschaftliches und politisches Gewicht erhalten wird. Der Startschuss wurde Ende November 2008 gegeben.

Ursula Reinhard (Vorsitzende des Vereins zur Erhaltung der Nutzpflanzenvielfalt)

DIE GESCHICHTE DES SAATBAUS

8. bis 7. Jtsd. v. Chr. Früheste bekannte Landwirtschaft im „fruchtbaren Halbmond" (ungefähr das Gebiet der heutigen Staaten Israel, Jordanien, Syrien, Türkei, Irak, Iran). Kulturpflanzen: Erbse, Gerste, Weizen, Linse.

3. Jtsd. v. Chr. Entstehung der ersten essbaren Kartoffeln im Hochland von Peru per Selektion einzelner alkaloidfreier Mutanten; Kultivierung durch südamerikanische Indianer.

2. Jtsd. v. Chr. Mangold und Rote Bete werden im Mittelmeergebiet angebaut.

6. bis 12. Jh. n. Chr. Vorherrschendes landwirtschaftliches Organisationssystem in Zentral- und Nordeuropa: Dreifelderwirtschaft.

Mittelalter Auslese und erste Züchtungsversuche vor allem in Klostergärten, einfache Formen der Individualauslese und des Nachbaus.

1492 Entdeckung Amerikas durch Christoph Kolumbus. Er bringt Zuckerrohr und Zitrusfrüchte nach Amerika und nimmt auf der Rückreise den Mais mit nach Europa.

1570 Einfuhr der Kartoffel nach Spanien. Zuerst galt die Kartoffel als Heilpflanze und wurde hauptsächlich in Apothekergärten angebaut.

1590 Einfuhr der Kartoffel nach England.

bis 18. Jh. Erbsenbrei ist ein wichtiges Grundnahrungsmittel, auch in Deutschland. Zucht der Erbse erfolgte per Samenauslese.

1750 Der schwedische Botaniker Carl von Linné unterteilt die Kulturkartoffel in zwei Unterarten: die in den Anden angebaute *Solanum tuberosum* ssp. *andigena* und die daraus in Europa ausgelesene *Solanum tuberosum* ssp. *tuberosum*. Die Selektion der europäischen Kartoffel erfolgte, um eine gegenüber Langtagen (Tageslänge > 12 Stunden) tolerante Knollenfrucht zu züchten.

1771 und 1816–1818 Große Erntekatastrophen in Süd- und Westdeutschland. Die Grundherrschaft war gesetzlich verpflichtet, Saatguthilfe zu leisten und oft gezwungen, Saatgetreide zur Nothilfe aus oft weit entfernten Gebieten zuzukaufen.

ca. 1780 Mit der gezielten Kreuzung zwischen verschiedenen Landsorten beginnt die moderne Kartoffelzüchtung. Es werden Methoden ähnlich der heutigen Klonzüchtung verwendet.

1786 F. C. Achard beginnt zuckerreiche Rüben zu selektieren und züchtet schließlich die „weiße schlesische Zuckerrübe". Innerhalb von 100 Jahren wird der Zuckergehalt der Rübe von 2 auf 15 % gesteigert. Sein Buch von 1809 begründet den Rübenzucker und seine Gewinnung.

1790 Der Engländer Knight führt erste nachweisbare, kontrollierte Kreuzungen zwischen Mark- und Schalerbsen durch. Er züchtet mehrere neue Sorten, z. B. 'Knight's Green Wrinkled'.

Anfang 19. Jh. Beginn des industriellen Zeitalters: ca. 1810 sind mehr als zwei Drittel der Bevölkerung in der Landwirtschaft tätig, 175 Jahre später nur noch wenige Prozent.

1803 Aufhebung des Urklosters Benediktbeuern. Die Inventarien lassen erkennen, dass hier bereits systematische Pflanzenzuchtversuche durchgeführt wurden.

ab 1815 Der österreichische Kaiserstaat praktiziert ein restriktives Zensursystem, das die Verbreitung naturwissenschaftlicher Erkenntnisse ebenso behindert wie die Äußerung jeder politischen Agitation oder Parole. Die geringe Verbreitung der wissenschaftlichen Erkenntnisse von Mendel und ihre Publikation „unter Ausschluss der Öffentlichkeit" sind auch aus diesem Zensursystem zu erklären.

1832 Zitat von G. S. MacKenzie: „If a farmer cannot find a potato adapted for the soil at his farm, he has nothing to do but to raise new varieties from seed (...)". („Findet ein Bauer keine Kartoffel, die auf seinem Boden wächst, bleibt ihm nicht anderes übrig, als sich aus Samen neue Sorten zu ziehen.")

bis Mitte 19. Jh. Pflanzenbau und Pflanzenzucht bilden sowohl betrieblich wie methodisch eine Einheit.

ab Mitte 19. Jh. Rasch anwachsende Bevölkerung in Europa. Verbesserung der Verkehrsverhältnisse in Preußen. Die Saatgutzüchtung wird zunehmend von Spezialisten übernommen. Es entstehen Saatzuchtunternehmen.

1864 Matthias Rabbethge jun. und sein Schwager Julius Giesecke gründen die Rabbethge & Giesecke oHG in Kleinwanzleben. Sie entwickeln eine universale Einheit aus Anbau-, Züchtungs- und Verarbeitungsstätte.

1856–1863 Der naturwissenschaftlich interessierte Augustinermönch Gregor Mendel (1822–1884) ermittelt durch Kreuzungsversuche an Erbsenpflanzen die sogenannten „mendelschen Regeln" und formuliert sie in einer zunächst wenig beachteten Publikation. Mendel führte dafür die Begriffe „rezessiv" und „dominierend" ein (statt des Letzteren wird heute „dominant" verwendet). Erst 1900 wurden seine Erkenntnisse von den Botanikern Carl Correns, Erich Tschermak-Seysenegg, William Bateson und Hugo de Vries unabhängig voneinander wiederentdeckt. Zwischenzeitlich waren die Chromosomen und ihre Verteilung an die Nachkommen beschrieben worden, sodass die mendelschen Regeln jetzt mit der Chromosomentheorie der Vererbung in Verbindung gebracht werden konnten. Heute gehören sie zum Gemeingut der klassischen Genetik.

1863 Julius Kühn gründet das Landwirtschaftliche Institut an der Universität von Halle. Es gilt in der Anfangszeit der Pflanzenzüchtung als das wissenschaftliche Zentrum.

1866 Veröffentlichung von Gregor Mendel: Versuche über Pflanzenhybriden. Verhandlungen des Naturforschenden Vereines in Brünn. Bd. IV.

1870 Beginn der systematischen Pflanzenzüchtung.

1875 Wilhelm Rimpau (1842–1903) beginnt eine umfangreiche Kreuzungszucht zwischen englischem Weizen und deutschem Roggen.

1880 Der Landwirt Ferdinand von Lochow beginnt auf dem familieneigenen Rittergut Petkus in der Mark Brandenburg mit der Massenauslese in Roggen-Landsorten, erst für den eigenen Bedarf, später auch für andere Betriebe. 1920 wird der erste wissenschaftlich ausgebildete Züchter eingestellt. An der späteren GmbH sind außer der Familie auch eine Bank und das Stickstoffsyndikat beteiligt.

1888 Erfolgreiche Kreuzungszüchtung von Wilhelm Rimpau: ‚Rimpaus früher Bastard' wird in den Anbau überführt. Es ist der erste fertile Weizen-Roggen-Bastard.

seit 1888 Von der neu gegründeten Deutschen Landwirtschafts-Gesellschaft (DLG) werden mehrjährig laufende Feldversuche durchgeführt, die sich mit der Frage des Saatgutwechsels und der Sortenwahl befassen.

1889 Erste Vorlesung über Pflanzenzüchtung an einer deutschen Hochschule von dem damaligen Privatdozenten Kurt von Rümker an der Universität Göttingen.

1890 Der österreichische Pflanzenzüchter Proskowetz weist auf dem land- und forstwirtschaftlichen Kongress in Wien auf das Problem der Gen-Erhaltung hin.

Ende 19. Jh. Beginn des großflächigen Anbaus der Kartoffel in Europa. Führende Kartoffelzüchter fordern einen dem gesetzlichen Urheberschutz ähnlichen Schutz für ihre Zuchtsorten.

1896 Die DLG gibt die „Grundregeln für die Saatenanerkennung" heraus.

1820–1920 In Deutschland verdoppeln sich sowohl Bevölkerungszahl als auch Weizenertrag.

1900 Der erste Band des Handbuchs der Pflanzenzüchtung „Allgemeine Züchtungslehre der landwirtschaftlichen Kulturpflanzen" von Fruwirth erscheint.

1900 Beginn der modernen Genetik (durch die Wiederentdeckung der Arbeiten von Mendel).

ab 1900 Verlust von über 90 % der genetischen Vielfalt.

1902 Gründung der Bayerischen Landeszuchtanstalt in Weihenstephan.

Anfang 20. Jh. Die Kartoffelsorte ‚Bintje' wird zuerst angebaut. Die Sorte ‚King Edward' ist noch einige Jahre älter.

18.02.1908 Gründung der „Gesellschaft zur Förderung der deutschen Pflanzenzucht". Die GFP wurde 1933 wieder aufgelöst.

1909 East und Shutt schließen in den USA die klassischen Versuche zur Hybridzüchtung von Mais ab.

1918 Jones schlägt erstmalig die Herstellung von Doppelhybriden vor.

1920–1990 Bevölkerungszahl steigt nicht weiter an, Weizenerträge verdreifachen sich.

1926 Aus dem Landwirtschaftlichen Institut der hessischen Landesuniversität in Gießen geht das Institut für Pflanzenbau und Pflanzenzüchtung hervor.

1934 Auf dem Züchtungssektor Trennung von Landwirtschaft und Gartenbau.

1937 Einführung der Polyploidisierungstechniken.

1937 Blakeslee und Avery entdecken, dass durch Anwendung von Colchizin eine ziemlich universelle Wirkung in Richtung auf die Verdopplung von Chromosomensätzen in Teilung befindlicher Zellen erreicht werden kann. Damit wurde die Möglichkeit eröffnet, mit relativ hoher Ausbeute Genmutationen an züchterisch bearbeiteten Kulturpflanzen herbeizuführen.

17.11.1938 Gründung der ASSINSEL (Association Internationale des Sélectionneurs pour la Protection des Obtentions Végétables) in Amsterdam.

1940 Beginn der Hybridzüchtung bei Zuckerrüben in den USA.

1941 Roemer und sein Schüler Rudorf geben ein sechsbändiges Handbuch der Pflanzenzüchtung heraus. Der Hallenser Zuchtgarten Roemers wird in den 30er-Jahren zum Mekka der Pflanzenzüchter weit über die Grenzen Deutschlands hinaus.

1943 Die mexikanische Regierung initiiert zusammen mit der Rockefeller-Stiftung ein Forschungsprogramm zur Entwicklung der einheimischen Landwirtschaft. Beginn der „grünen Revolution".

1945 Gemäß der Einteilung Deutschlands in Besatzungszonen werden in Westdeutschland drei landwirtschaftliche Pflanzenzüchtervereine gegründet: 1. VDP in Hannover, später Bonn, 2. VBP in Oberhaunstadt, später München, 3. VSWP in Karlsruhe, später Stuttgart.

ab 1945 Untergang der großbetrieblichen landwirtschaftlichen Pflanzenzüchtung durch Verlust der zentralen Zucht- und Vermehrungsstandorte in Mittel- und Ostdeutschland. Das veranlasst die bundesdeutschen Züchter zu einer Zusammenarbeit mit weit entfernten Anbaugebieten, z. B. Ungarn, Türkei, Frankreich, Nordafrika.

1949 Errichtung des Sortenamtes für Nutzpflanzen, zunächst als Behörde des Vereinigten Wirtschaftsgebietes, 1950 vom Bund übernommen.

1953 Entschlüsselung der DNA-Struktur. In Deutschland wird das erste Saatgutgesetz der Welt eingeführt.

1954 Erste Bohnensorten in Deutschland, die gleichmäßig abreifen und deren Hülsen im wesentlichen im oberen Teil der Pflanzen wachsen (Eignung für die 1951 erstmals entwickelten mechanischen Bohnen-Pflückmaschinen).

1955 Herrmann Kuckuck wird auf den Lehrstuhl für Gärtnerische Pflanzenzüchtung in Hannover berufen. Sein Institut hatte als Glied der zunächst selbstständigen neuen Hochschule für Gartenbau und Landeskultur im Besonderen das Gebiet der Gemüse- und Zierpflanzenzüchtung zu betreuen.

1956–1960 Die ersten Maishybriden erscheinen auf dem deutschen Sortenmarkt.

1958 Züchtung der ersten bitterstofffreien Treibgurke.

Anfang 1960er Die beiden ältesten und größten internationalen Forschungsinstitute werden gegründet: CIMMYT (Centro International de Meforamiento di Maize Y Trigo) in Mexiko und IRRI (International Rice Research Institute) auf den Philippinen. In Deutschland gibt es etwa 20 eigenständige Zuchtbetriebe.

1960er Entwicklung der Protoplastenfusion für die Erzeugung intergenischer Hybriden.

1960–1990 In Schwellenländern (z. B. Indien und Mexiko) werden die Weizenerträge annähernd verdoppelt.

1960 Züchtung erster bremiaresistenter Salatsorten (Falscher Mehltau).

1961 Die USA, Japan und die meisten westeuropäischen Länder schließen sich zur UVOP (International Union for the Protection of New Varieties and Plants – Verband zum Schutz von Pflanzenzüchtungen) zusammen; die UVOP beschließt in der „Pariser Konvention" gemeinsame Grundregeln für den Sortenschutz: Er kann für fast alle Pflanzenarten erteilt werden und gilt 25 Jahre. Dauer der Wertprüfung beträgt in Frankreich und Großbritannien zwei Jahre, in Schweden vier Jahre. Nach einer Wartefrist von zwei Jahren werden national eingetragene Sorten in die EG-Sortenliste aufgenommen.

31.03.1965 Neugründung der GFP als privatrechtliche Organisation „Gemeinschaft zur Förderung der privaten deutschen landwirtschaftlichen Pflanzenzüchtung e.V.". Die GFP gliedert sich nach Kulturarten in die Abteilungen Futterpflanzen, Futter- und Zuckerrüben, Getreide, Kartoffeln, Mais, Öl- und Eiweißpflanzen, Allgemeine Züchtungsfragen.

1966 Zulassung der ersten monogermen Hybridsorte von Zuckerrüben in Deutschland.

1968 Verabschiedung des deutschen Sortenschutzgesetzes und des Saatgutverkehrsgesetzes. Die Arbeitsgemeinschaft Deutscher Pflanzenzüchterverbände fordert auf ihrer Jahrestagung die Errichtung einer deutschen Genbank.

1970 Der Amerikaner Norman E. Borlaug wird als Promoter der „green revolution" mit dem Friedensnobelpreis ausgezeichnet.

Anfang 1970er Hermann Kuckuck (Hannover) bemüht sich um die Errichtung einer Genbank für landwirtschaftliche Kulturpflanzen in der BRD.

1970er In Deutschland gibt es nur noch zehn eigenständige Zuchtbetriebe. Entdeckung der Restriktionsendonukleasen als Voraussetzung für die gezielte Veränderung von DNA.

1972 Geburtsstunde der Gentechnik: Zum ersten Mal gelingt es, einen DNA-Faden in einzelne Teile zu zerlegen. Einzelne Gene können nun aus dem Erbgut isoliert und analysiert werden.

seit 1972 Es erscheinen die ersten EU-Sortenkataloge für Gemüsesorten.

1977 Gründung der Europäischen Vereinigung der Pflanzenzüchtung (COMASSO).

1978 Revidierte Fassung der UPOV-Konvention.

seit 1980er Einkauf großer Öl- und Chemie-Firmen in den Saatgutmarkt; später auch Übernahme der Saatgut- und Züchtungsunternehmen durch multinationale Konzerne.

1983 Transfer eines Gens aus einem Mikroorganismus auf eine höhere Pflanze.

1985 Seit 1985 können in den USA auch Sorten patentiert werden; nach europäischem Patentrecht ist das nicht möglich und in vielen Entwicklungs- und Schwellenländern gibt es keinerlei Patentschutz. Durch das jetzige Sortenschutzgesetz könnte man durch die Übertragung eines einzigen Gens Eigentümer einer neuen Sorte werden. Novellierung des Saatgutverkehrsgesetzes und kurz darauf auch des Sortenschutzgesetzes.

1986 Erste erfolgreiche wirtschaftliche Nutzung der Gentechnik in der Landwirtschaft: Erzeugung einer Virusresistenz bei der Tabakpflanze.

1987 Beitritt der deutschen Gemüsezüchter zur GFP. Sie bilden die Abteilung Gemüse, Heil- und Gewürzpflanzen.

1990 Mehr als 60 % der Ackerfläche in Deutschland sind mit nur drei Arten bestellt: Weizen, Gerste und Mais. Darum werden in der Pflanzenzüchtung aus ökonomischen Gründen nur wenige Arten sehr intensiv bearbeitet.

1991 Die UPOV-Konvention wird erfolgreich erneuert.

1992 Gründung des Bundesanstalt für Züchtungsforschung (BAZ).

1994 Anbau der Flavr-Savr-Tomate in den USA.

Juli 1994 Gemeinschaftlicher Sortenschutz in der EU. Mit der Novellierung des deutschen Sortenschutzgesetzes wird das neue europäische Recht übernommen.

1995 Aufgrund der EG-Sortenschutzverordnung von 1994 kann seit dem 27. April 1995 ein EU-weites Sortenschutzrecht beantragt und erweitert werden.

1996 Erster kommerzieller Anbau von gentechnisch veränderten Pflanzen in den USA. Entwicklung der Advanced Backcross Methode zur effektiven Einkreuzung von exotischen genetischem Material.

1997 Erste Sorten mit einer Resistenz gegen die Salatblattlaus.

1999 Laut Greenpeace halten die fünf größten Gemüsesaatgutkonzerne 75 % des Weltmarktes. Das Biosafety-Protokoll regelt den internationalen Handel mit gentechnisch veränderten Organismen (GVO) und regelt völkerrechtlich verbindlich den grenzüberschreitenden Transport, die Handhabung und den Umgang mit GVO. Zunächst jährliche Treffen, ab 2006 in zweijährigem Turnus.

1999–2004 Moratorium in der EU: Neuzulassungen für den Anbau von Gen-Pflanzen werden verhindert.

2000 Entschlüsselung des ersten Pflanzengenoms der Modellpflanze *Arabidopsis thaliana*.

2002 Die EU-Richtlinie 2001/18, Art. 23 tritt in Kraft: EU-Mitgliedsstaaten haben das Recht, im Bedarfsfall nationale Import- und Anbaubeschränkungen zu erlassen. Entschlüsselung des ersten Nutzpflanzengenoms (Reis).

2003 67,7 Millionen Hektar Anbau transgener Pflanzen weltweit. USA, Kanada, Argentinien (Anbau von über 90 % der genmanipulierten Pflanzen) legen Widerspruch gegen das europäische Moratorium ein.

2004 Aufhebung des Moratoriums und damit der Zulassungsstopps. Das Biosafety-Protokoll tritt in Deutschland in Kraft. Die Europäische Kommission legt einen Richtlinienentwurf für zufällige und technisch unvermeidbare Verunreinigungen von Saatgut vor.

2005 Der Gemüsesaatgutkatalog der Firma Nickerson Zwaan weist 43 der angebotenen Kohlsorten aus, auf deren genetischem Ausgangsmaterial ein Patentschutz besteht.

2005 Erste Sortenzulassung für gentechnisch veränderten Mais in Deutschland.

29.09.2006 Endgültiges Urteil der WTO: Aufhebung des Zulassungsstopps für Gen-Pflanzen in der EU.

2007 Mehr als 100 Millionen Hektar Anbau gentechnisch veränderter Pflanzen weltweit

2008 Der Bundestag verabschiedet ein neues Gentechnik-Gesetz.

SERVICE

Weiterführende Literatur

Achtner-Theiss, Elke und Kumm, Sabine: Mangold und Pastinake. Vergessene Gemüsesorten neu entdeckt. Thorbecke, Ostfildern, 2007

Arche Noah: Gemüse Inkognito – Vergessene Kulturpflanzen vergangener Jahrhunderte. Eigenverlag, Schiltern, 2001

Arche Noah: Sortenhandbuch. Eigenverlag, Schiltern, jährlich

Bartha-Pichler, Brigitte und Zuber, Markus: Haferwurzel und Feuerbohne – Alte Gemüsesorten neu entdeckt. AT Verlag, Aarau, 2002

Becker, Heiko: Pflanzenzüchtung. Verlag Eugen Ulmer, Stuttgart, 1993

Bundesverband Deutscher Pflanzenzüchter e. V. (Hrsg.): Landwirtschaftliche Pflanzenzüchtung in Deutschland. Verlag Th. Mann, Gelsenkirchen-Buer, 1987

Buser, Marianne u. Koch, Antonia: Von fast vergessenen Gemüsen, Kräutern und Beeren. FONA Verlag, CH-Lenzburg, 2008.

Haßkerl, Heide: Alte Gemüsearten neu entdeckt – Schätze aus dem Bauerngarten. Verlag Stocker, Graz, 2008

Heistinger, Arche Noah, Pro Specie Rara (Hrsg.): Handbuch Samengärtnerei. Verlag Eugen Ulmer, Stuttgart, 2007

Hoffmann, Prof. Dr. Walther et al.: Lehrbuch der Züchtung landwirtschaftlicher Kulturpflanzen. Band 1, Verlag Paul Parey, Berlin und Hamburg, 1971

Lorey, Heidi: Gemüse für Garten & Küche wiederentdeckt. Landwirtschaftsverlag, Münster, 2005

Mendel, Gregor: Versuche über Pflanzenhybriden. Verhandlungen des Naturforschenden Vereines in Brünn. Bd. IV. 1866

Schwanitz, Prof. Dr. Franz: Die Entstehung der Kulturpflanzen. Springer-Verlag, Berlin-Göttingen-Heidelberg, 1957

Stadtlander, Dipl. Ing. Gartenbau Carsten: Studie zur Sortenvielfalt im Gemüsebau. Untersuchung zur Agrobiodiversität auf der Ebene der Gemüsesorten der EU unter besonderer Berücksichtigung der Züchtungsmethoden sowie Auswirkungen auf die Verfügbarkeit von Gemüsesorten für den biologischen Anbau. Freiburg, Dezember 2005

Stein, Martin (Hrsg.): Sachsen-Anhalt – eine Wiege der Pflanzenzüchtung / Gesellschaft für Pflanzenzüchtung, in: Vorträge für Pflanzenzüchtung; 40, Göttingen, 1998

Stein, Siegfried: Alte Pflanzenschätze wieder entdeckt. BLV, München, 2005

Stiftung Naturschutz Berlin (Hrsg.): Haferwurz und Kerbelrübe. Stiftung Naturschutz Berlin, Berlin, 2007

Storl, Wolf-Dieter und Pfyl, Paul Silas: Bekannte und vergessene Gemüse. AT Verlag, Aarau, 2002

VEN e.V.: Samensurium. Jahresheft des Vereins zur Erhaltung der Nutzpflanzenvielfalt e.V., Schandelah

Nützliche Adressen

(Sortierung nach Postleitzahlen)

Monika Gehlsen (Gemüse- und Blumenraritäten)
Willi-Dolgner-Str. 17
06118 Halle/Saale
Tel.: 03 45 / 7 70 03 53

Botanische Liebhaberzucht
Rüdiger Dietzel
(umfangreiche Kürbissammlung)
Albert-Schweitzer-Str. 22
07318 Saalfeld/Saale

Günter Klose (großes Tomatensortiment)
Marktstr. 18
15370 Fredersdorf

Heiko John (Gemüseraritäten, speziell Tomaten)
Kantstr. 7
15370 Fredersdorf
Tel.+Fax: 03 34 39 / 7 67 90
E-Mail: heiko.john.fre@t-online.de

Detlef Landsmann (Gemüseraritäten)
August-Bebel-Str. 45
15827 Blankenfelde
Tel.+Fax: 0 33 79 / 37 09 51

Verein zur Erhaltung und Rekultivierung von Nutzpflanzen in Brandenburg e.V. (VERN e.V.)
Burgstraße 20
16278 Greiffenberg-Uckermark
Tel.: 03 33 34 / 7 02 32
www.vern.de

Samen Bau Nordost
Margarete Peschken
17179 Fürstenhof
Tel.: 03 99 71 / 1 28 48

Carl Sperling & Co. (GmbH & Co.KG)
Hamburger Straße 35
21339 Lüneburg
Tel.: 0 41 31 / 30 17-0
Fax: 0 41 31 / 30 17-45
www.sperli.de

Gustav Schlüter
Bahnhofstr. 5
25335 Bokholt-Hanredder
Tel.: 0 41 23 / 20 21
E-Mail: versand@garten-schlueter.de
www.pflanzenversand-schlueter.de
www.garten-schlueter.de

Samentraum Gassmann
Inh. F. Stellfeldt
Berckstr. 30
28359 Bremen
Tel.: 04 21 / 22 37 94 30
Fax:: 04 21 / 22 37 94 33
E-Mail: info@samentraum.de
www.samentraum.de

Gemüse und Feldfruchtspezialitäten
Marko Seibold
Henstedterstraße 1
28857 Syke/Henstedt
Tel.: 0 42 42 / 50 90-313
Fax: 0 42 42 / 50 90-315
Gartenleben@t-online.de

Topinambur-Saatzucht
Kurt Marquardt
Sandstr. 16
29328 Müden/Örtze
Tel.: 0 50 53 / 3 50
Fax: 0 50 53 / 16 28

Biolandhof Jeebel
Biogartenversand
Dorfstr. 17
29416 Jeebel
Fon: 03 90 37 / 7 81
Fax: 03 90 37 / 95 51 15
www.biogartenversand.de

naturwuchs
Bardenhorst 15
33739 Bielefeld
Tel.: 05 21 / 9 88 17 78
Fax: 05 21 / 9 88 17 79
www.naturwuchs.de

Dreschflegel GbR
(Ökosaatgut: Wildtomaten, alte
Kulturpflanzen, Gemüseraritäten,
Kräuter, Blumen)
Postfach 1213
37202 Witzenhausen

Tel.: 0 55 42 / 50 27-44
Fax: 0 55 42 / 50 27-58,
E-Mail: dreschflegel@
biologische-saaten.de
www.dreschflegel-saatgut.de

Dreschflegel-Schaugarten
Dorfstr. 12
37318 Schönhagen
www.schaugarten.kuhmuhne.de

Verein zur Erhaltung der
Nutzpflanzenvielfalt e.V. (VEN)
c/o Ursula Reinhard
Sandbachstr. 5
38162 Schandelah
Tel.+ Fax: 0 53 06 / 14 02
E-Mail: ven.nutz@gmx.de
www.nutzpflanzenvielfalt.de

Vergessene Kulturpflanzen
Eike Bretschneider
Nelkenweg 5a
40699 Erkrath-Hochdahl
Tel.: 0 21 04 / 3 39 62
Fax: 0 21 04 / 3 39 62

Samen Schröder
Alt Vorst 16a
41564 Kaarst
Tel.: 0 21 31 / 66 68 27
Fax: 0 21 31 / 66 95 58
E-Mail: mail@samen-schroeder.de
www.samen-schroeder.de

Flora Frey GmbH
Dellenfeld 25
42653 Solingen
Tel.: 02 12 / 25 70-0
Fax: 02 12 / 25 70-206
E-Mail: florafrey@florafrey.de
www.florafrey.de

Samen Jansen (Kürbisse)
Postfach 300115
46399 Bocholt
Tel.: 00 31 / 3 15 65 12 35
Fax: 00 31 / 3 15 65 47 06

Kiepenkerl / Nebelung GmbH & Co.
Bruno Nebelung
Pflanzenzüchtung
Freckenhorster Str. 32

48351 Everswinkel
Tel.: 0 25 82 / 670-0
Fax: 0 25 82 / 670-270
www.kiepenkerl.de
E-Mail: kiepenkerl@nebelung.de

Bioland-Mühlenbachhof
Wolfgang Kreimer
Föckinghauser Weg 9
49324 Melle
Landkreis Osnabrück
Tel.: 0 54 22 / 9 28 98 77
E-Mail: muehlenbachhof@ngi.de

Joachim Nousch (seltene Sorten
von Erbsen und Bohnen)
Rheinbacher Weg 11
53359 Rheinbach
Tel.: 0 22 26 / 65 76

Bio-Saatgut Ulla Grall und Partner
(Ökosaatgut der Firma La Ferme de
Sainte Marthe, alte Sorten, Raritäten)
Eulengasse 3
55288 Armsheim
Tel.: 0 67 34 / 96 03 79
Fax: 0 67 34 / 96 00 14
E-Mail: Ulla.grall@bio-saatgut.de
www.bio-saatgut.de

Gemüsesortenprojekt Rheinland
(+) Pfalz
Christian Havenith
Auf der Esch 24
56653 Wassenach
www.gemüsesortenprojekt.de

Tom Garten
ESH Rhenania GmbH
Im Weidboden 12
57629 Norken
Tel.: 0 18 05 / 48 47 46
Fax: 0 18 05 / 66 00 82
E-Mail: info@tom-garten.de
www.tomgartenshop.de

Firma Bingenheimer Saatgut AG
(Ökosaatgut)
Kronstr. 24
61209 Echzell
Tel.: 0 60 35 / 18 99-0
Fax: 0 60 35 / 18 99-40
E-Mail: info@oekoseeds.de

Kultursaat e.V.
Verein zur Züchtungsforschung und
Kuturpflanzenerhaltung auf biologisch-
dynamischer Grundlage
Karin Heinze
Auguste-Viktoria-Straße 4
61231 Bad Nauheim
Tel.: 0 60 32 / 86 17

Enza ZadenDeutschland
GmbH & Co. KG
An der Schifferstadter Straße
67125 Dannstadt-Schauernheim
Tel.: 0 62 31 / 94 11-20
Fax: 0 62 31 / 94 11-22
www.enzazaden.de
E-Mail: info@enzazaden.de

Küchengarten Reinhold Krämer
(Kräuter und Gemüsesamen)
Postfach 1511
73505 Schwäbisch Gmünd
Tel.: 0 71 71 / 6 94 17
Fax: 0 71 71 / 3 98 43

Europäische Dachorganisation
Save-Foundation – Sicherung der
landwirtschaftlichen Artenvielfalt
in Europa
Paradiesstraße 13
78462 Konstanz
E-Mail: office@save-foundation.net
www.save-foundation.net

Eichstetter Stiftung zur Bewahrung
der Kulturpflanzenvielfalt in der
Region
Hauptstr. 140
79356 Eichstetten am Kaiserstuhl
Tel.: 0 76 63 / 45 73
E-Mail: info@kaiserstuehler-garten.de

Klaus Lang
Mesnergässle 22
88364 Wolfegg
Landkreis Ravensburg
Tel.: 0 75 27 / 56 19

Pflanzenversand Gaissmayer (Bioland)
Jungviehweide3
89257 Illertissen
Tel: 0 73 03 / 72 58
www.pflanzengaissmayer.de

Privates Samenarchiv
Gerhard Bohl
Oberfichtenmühle 2
91126 Rednitzhembach
www.garten-pur.de

Raritäten-Gärtnerei Treml
(u. a. großes Tomaten- und
Kräutersortiment)
Eckerstr. 32
93471 Arnbruck
Tel.: 0 99 45 / 90 51-00
Fax: 0 99 45 / 90 51-01
E-Mail: treml@pflanzentreml.de

Saatgut Alter Kulturpflanzen
Versandhandel
Im Geißen 1
94166 Stubenberg
Landkreis Rottal-Inn
Tel.: 0 85 74 / 91 93 15
Fax : 0 85 74 / 91 93 15
E-Mail: seeds-of-love@t-online.de
www.biosaatgut.eu

Manfred Hahm-Hartmann
Wilhelm-Löhe-Str. 5
95176 Konradsreuth
Tel.: 0 92 92 / 65 58

Veit Plietz
Am See 5
97359 Schwarzach
Landkreis Kitzingen
Tel.: 0 93 24 / 10 30
Fax: 0 93 24 / 47 29
www.oekokiste-schwarzach.de

Wolfgang Nixdorf
Aschhausenstr. 77
97922 Lauda
Tel.: 0 93 43 / 34 65
Fax: 0 93 43 / 6 57 47
E-Mail : nixdorf@garten-wn.de
www.garten-wn.de

Bioland Gärtnerei Dieter Haas
Obere Leberklinge 26
97877 Wertheim
Main-Tauber-Kreis
Tel.: 0 93 42 / 60 38
Fax: 0 93 42 / 60 38

Österreich

Arche Noah
Gesellschaft zur Erhaltung und
Verbreitung der Kulturpflanzenvielfalt
Obere Str. 40
A-3553 Schloß Schiltern
Tel.: 00 43 (0) 27 34 / 86 26
Fax: 00 43 (0) 27 34 / 86 27
E-Mail: info@arche-noah.at
www.arche-noah.at

Reinsaat KG
A-3572 St. Leonhard am Hornerwald 69
Tel.: 00 43 (0) 29 87 / 23 47
Fax: 00 43 (0) 29 87 / 23 47-4
www.reinsaat.co.at

Schweiz

biosem
Jutzet-Jossi S. & A.
Le Burli 39
CH-2019 Chambrelien
Tel.: 00 41 / (0)32 8 55 14 86
Fax: 00 41 / (0)32 8 55 10 58
E-Mail: biosem@biosem.ch
www.biosem.ch

ProSpecieRara PSR
Schweizerische Stiftung für die
kulturhistorische und genetische
Vielfalt von Pflanzen und Tieren
Pfrundweg 14
CH-5000 Aarau
E-Mail: info@psrara.org oder
sekretariat@psrara.org
www.psrara.org
Tel.: 00 41 / (0)6 28 32 08 20 (vormittags)
Fax: 00 41 / (0)6 28 32 08 25

Sativa Rheinau AG
Klosterplatz
CH-8462 Rheinau
Tel.: 0041 (0) 5 23 04 / 91 60
Fax: 0041 (0) 5 23 04 / 91 61
E-Mail: sativa@sativa-rheinau.ch
www.sativa-rheinau.ch

REGISTER

Unser Dank gehört vor allem denjenigen Menschen, die dieses Buch erst
möglich gemacht haben, stellvertretend für all die zahlreichen Aktiven,
die sich für den Fortbestand von seltenen Arten und Sorten engagieren.

Alle Farbfotos von Ute Klaphake, Hamburg.

Umschlaggestaltung von solutioncube GmbH, Reutlingen unter Verwendung von 10 Farbfotos von Ute Klaphake, Hamburg.

Mit 148 Farbfotos.

Unser gesamtes lieferbares Programm und viele
weitere Informationen zu unseren Büchern,
Spielen, Experimentierkästen, DVDs, Autoren und
Aktivitäten finden Sie unter **www.kosmos.de**

Gedruckt auf chlorfrei gebleichtem Papier

© 2009 Franckh-Kosmos Verlags-GmbH & Co. KG, Stuttgart
Alle Rechte vorbehalten
ISBN 978-3-440-11282-3
Redaktion: Carolin Küßner
Gestaltungskonzept: solutioncube GmbH, Reutlingen
Produktion: DOPPELPUNKT, Stuttgart
Printed in Italy / Imprimé en Italie

Praktisches Wissen für Ihren Garten

Bischoff/Bruns/Jantra
Altes Gartenwissen
200 Seiten, ca. 300 Abbildungen
€/D 16,95; €/A 17,50; sFr 31,30
ISBN 978-3-440-11191-8

- Vom Erfahrungsschatz aus mehreren Jahrhunderten praktischen Gärtnerns profitieren.

- Lernen Sie Wundermittel für den Garten kennen, genießen Sie alte Obstsorten und erfahren Sie, wie man sich auch im Winter an aromatischen Köstlichkeiten aus dem Garten erfreuen kann.

Friedrich u.a.
Mein Schrebergarten
128 Seiten, ca. 300 Abbildungen
€/D 12,95; €/A 13,40; sFr 24,90
ISBN 978-3-440-10842-0

- Entdecken Sie den Kleingarten für sich – hier finden Sie alles, was man als Anfänger über Schrebergärten wissen muss.

- Für die Praxis geschrieben: Mit Gestaltungs- ideen, Praxiswissen, Pflanzenauswahl, Jahresarbeitskalender und Infoteil.